十二王庭

Real Madrid Club de Fútbol

皇马欧冠 12 冠特别荣藏图传

冯逸明 主编

世界知识出版社

图书在版编目（CIP）数据

十二王庭：皇马欧冠 12 冠特别荣藏图传 / 冯逸明
主编 .—北京：世界知识出版社，2017.7
（钻石巨星珍藏书系）
ISBN 978-7-5012-5517-7

Ⅰ. ①十 … Ⅱ. ①冯… Ⅲ. ①足球运动—俱乐部—概况—
西班牙—画册 Ⅳ. ① G843.655.1-64

中国版本图书馆 CIP 数据核字（2017）第 137287 号

责任编辑 余 岚 刘 喆
责任出版 赵 玥
责任校对 张 琨
封面设计 冯逸明

书　　名 十二王庭：皇马欧冠12冠特别荣藏图传
Shi'er Wangting：Huangma Ouguan 12 Guan Tebie Rongcang Tuzhuan

主　　编 冯逸明

出版发行 世界知识出版社
地址邮编 北京市东城区干面胡同 51 号（100010）
网　　址 www.ishizhi.cn
销售电话 010-65265923 010-57735442
经　　销 新华书店
印　　刷 北京朗翔印刷有限公司
开本印张 787 × 1092 毫米 1/16 7 印张
字　　数 340 千字
版次印次 2017 年 7 月第一版
2017 年 7 月第一次印刷
标准书号 ISBN 978-7-5012-5517-7
定　　价 39.80 元

REAL MADRID CLUB DE FÚTBOL

CONTENTS

1 天下第一俱乐部

皇家马德里，被称为天下第一豪门，自 1902 年成立到 2017 年再次问鼎欧冠，115 载风云激荡，虽历经浮沉，但这天下第一的名头始终不坠……列强争雄，在欧冠这项硬指标比拼上，皇马以 12 冠的辉煌傲视同侪、独霸天下。

2017 年初夏，皇马再次称霸欧洲，近 4 年内三夺欧冠“大耳朵杯”，成为欧冠改制后第一支做到这点的球队。皇马历史上总计已拿下 12 次欧冠冠军（包括改制前），成为全欧第一，夺冠次数相当于历史第二的 AC 米兰（7）与历史第三的巴萨（5）夺冠次数总和。

1992 年欧冠改制以来，打过两场以上决赛的球队中，也只有皇马保持着决赛 100% 的胜率。

近 4 年内皇马三次问鼎欧冠，成为同期欧冠唯一的王者球队。而 2016/2017 赛季欧冠卫冕，皇马也打破了 1992 年欧冠改制以来不能蝉联冠军的这一魔咒。

欧冠冠军排行榜

	球队	夺冠次数
1	皇马	12
2	AC 米兰	7
3	拜仁慕尼黑	5
3	巴塞罗那	5
3	利物浦	5
4	阿贾克斯	4
5	国家米兰	3
5	曼联	3
6	尤文图斯	2
6	本菲卡	2
6	诺丁汉森林	2
6	波尔图	2

12

十二届欧冠联赛冠军

皇冠欧巅

2017年6月4日，2016/2017赛季欧洲冠军联赛落下帷幕，皇马以4比1大胜尤文图斯，成为首支在欧冠改制以来成功卫冕的球队。皇马共夺得12届欧冠冠军，是欧冠历史上夺得冠军次数最多的球队。

EUROPÉENS

●欧洲冠军联赛前身是欧洲俱乐部冠军杯（European Champion Clubs' Cup），1955/1956 赛季创建。1992/1993 赛季，欧足联对这项杯赛的赛制和名称正式进行了修改，赛事因此改称现在使用的“欧洲冠军联赛”（UEFA Champions League），而旧有的名称“欧洲俱乐部冠军杯”则被套用于现在的冠军奖杯上。

历届欧冠冠军榜

赛季	冠军
1955/1956	皇马…………1
1956/1957	皇马…………2
1957/1958	皇马…………3
1958/1959	皇马…………4
1959/1960	皇马…………5
1960/1961	本菲卡
1961/1962	本菲卡
1962/1963	AC 米兰
1963/1964	国际米兰
1964/1965	国际米兰
1965/1966	皇马…………6
1966/1967	凯尔特人
1967/1968	曼联
1968/1969	AC 米兰
1969/1970	费耶诺德
1970/1971	阿贾克斯
1971/1972	阿贾克斯
1972/1973	阿贾克斯
1973/1974	拜仁慕尼黑
1974/1975	拜仁慕尼黑
1975/1976	拜仁慕尼黑
1976/1977	利物浦
1977/1978	利物浦
1978/1979	诺丁汉森林
1979/1980	诺丁汉森林
1980/1981	利物浦
1981/1982	阿斯顿维拉
1982/1983	汉堡
1983/1984	利物浦
1984/1985	尤文图斯
1985/1986	布加勒斯特星
1986/1987	波尔图
1987/1988	埃因霍温
1988/1989	AC 米兰
1989/1990	AC 米兰
1990/1991	贝尔格莱德红星
1991/1992	巴塞罗那
1992/1993	马赛
1993/1994	AC 米兰
1994/1995	阿贾克斯
1995/1996	尤文图斯
1996/1997	多特蒙德
1997/1998	皇马…………7
1998/1999	曼联
1999/2000	皇马…………8
2000/2001	拜仁慕尼黑
2001/2002	皇马…………9
2002/2003	AC 米兰
2003/2004	波尔图
2004/2005	利物浦
2005/2006	巴塞罗那
2006/2007	AC 米兰
2007/2008	曼联
2008/2009	巴塞罗那
2009/2010	国际米兰
2010/2011	巴塞罗那
2011/2012	切尔西
2012/2013	拜仁慕尼黑
2013/2014	皇马…………10
2014/2015	巴塞罗那
2015/2016	皇马…………11
2016/2017	皇马…………12

Jeep
Jeep

4-1

欧冠联赛决赛

2017 年 6 月 4 日，威尔士加的夫千年球场，欧冠决赛，来自西班牙的皇家马德里以 4 比 1 战胜意大利的尤文图斯获得冠军。比分的悬殊无法阐释比赛的焦灼，实际上此战双方只在伯仲之间，上半场双方平分秋色，尤文图斯一度还压制皇马，而下半场的溃败，让战略上保守、消极的“黑白军团”品尝到苦果。

决赛前，尤文图斯是 2016/2017 赛季欧冠中唯一保持不败的球队（9 胜 3 平），12 场比赛仅失三球，半决赛两回合零封巴萨。而皇马近四年来三进欧冠决赛，此前五次打进决赛全部捧杯。过往战绩两队不相上下，均为 8 胜 2 平 8 负。

比赛伊始尤文图斯连续威胁皇马大门，顶住了猛攻后，皇马逐渐开始反击。第 20 分钟 C 罗禁区前将球分给右侧插上的卡瓦哈尔，后者一脚触球横传中路，C 罗跟上推射，皮球直奔球门死角，皇马 1 比 0 领先。第 27 分钟，伊瓜因将球过渡给曼祖基奇，后者禁区左侧半转身倒钩打门，皮球飞入远角，尤文图斯将比分被改写为 1 比 1。

下半场易边再战，皇马逐渐占据场上主动。第 61 分钟，卡塞米罗的远射打在赫迪拉腿上变线，布冯虽做出了扑救动作，但皮球还是擦着左侧立柱进网，皇马 2 比 1 再次领先。3 分钟后皇马扩大领先优势，莫德里奇右路传中，无人防守的 C 罗在小禁区内抢前点射门得分，皇马 3 比 1 领先，似乎要锁定胜局。

终场前阿森西奥锦上添花，将最终比分扩大为 4 比 1，皇马捧起队史第 12 座欧冠奖杯，成为改制以来首支实现卫冕的球队，尤文图斯则连续第五次在欧冠决赛中折戟。

adidas

105

欧冠总射手王

随着C罗抢在布冯身前灵犀一射，他在加的夫对阵尤文图斯的欧冠巅峰决赛中的进球数定格为2，自此，C罗在2016/2017赛季欧冠联赛打进12粒进球，超越了梅西的11粒，连续第5个赛季获得欧冠最佳射手。

同时C罗还以105粒欧冠联赛总进球，领先打进94球的梅西，成为欧冠历史总射手王。此外，C罗欧冠生涯已在3场不同决赛中进球，超越梅西、劳尔等人，成为改制后史上第一人。

2017欧冠决战，开场第20分钟，C罗就抓住反击良机，起脚抽射破门，成为2016/2017赛季欧冠首位对阵尤文打入进球的球员。同时，这也是C罗第三次在欧冠决赛建功，成为在三届不同欧冠决赛（改制后）破门的历史第一人，超越劳尔（2000年、2002年），梅西（2009年、2011年），埃托奥（2006年、2009年）和拉莫斯（2014年、2016年）。

下半时C罗又接莫德里奇传中，门前抢点凌空扫射破门。C罗也成为欧冠改制后，决赛进球最多的球员，已打入4球。

2016/2017赛季欧冠联赛，C罗低开高走，在小组赛只打入2球的情况下，淘汰赛疯狂斩获10球，其中包括神勇的连续“帽子戏法”，最终打入12球。

随着年龄增长，C罗的爆发力和力量有所下滑，但收敛锋芒后的他更为恐怖与高效。他的大部分进球都只用了一脚触球，这种“轻松”的进球方式能够更加合理分配体力，用智慧和极强的判断落点及反复冲刺能力来抓住杀机。但这更多是针对整场比赛乃至整个赛季而言的——在最要命的时候，C罗依然可以比顶尖的防守球员还要敏捷，还要凶悍。

CAMPEONES
CAMPEONES 12
CHAMPIONS

MARCELO
12
19
CARDIFF 2017
LaLiga
Fly

RESPECT

无敌战舰
皇马制霸战力解析
Real Madrid

齐达内效应

当下这支皇马的阵容是全欧洲最好的，然而在2016/2017赛季，皇马开局并不顺利，前7场比赛3次打成了平局，球队陷入了慢热的泥潭。

不过很快他们就调整了自己的状态，后面9场比赛取得了8场胜利，除了输给桑保利的塞维利亚，这一波之后皇马球迷开始逐渐相信齐达内，相信这位昔日的“银河战舰”巨星。不得不说，站在场边指挥的皇马主教练拥有着非凡冷静的头脑，同时日常的工作也十分努力，他的目标只有一个，让球队始终保持在最好的状态。当然，还有一点，那就是管理好更衣室。

但是不久之后问题就出来了，那是第一回合的国家德比，皇马在第90分钟还是和巴萨战成2比2平，可是最终他们却以2比3输给了只有10人迎战的死敌，就在伯纳乌球场。这次失利也让恩里克的球队看到了联赛夺冠的希望。

阵型的转变

由原有“433阵型”改变成“442阵型”，是皇马主帅齐达内的又一妙笔。

一个菱形中场站位的“442”——伊斯科出任前腰，卡塞米罗拖后，克罗斯和莫德里奇在中间，C罗以及本泽马在前锋线上。这个阵型赋予了伊斯科在前场极大的自主权，他可以随意拿球组织进攻。

当然，说是组织进攻，但其实更多的是串联和衔接作用，伊斯科在的时候皇马的进攻组织总是有着这样或者那样的问题，因为他喜欢在前场不同的位置拿球，跑位比较飘忽，这和“433 阵型”的结构发生了冲突。2016/2017 赛季，C 罗在很多时候也往中路游弋，更像是一名中锋而不是往中间切的内锋。

联赛 38 轮下来皇马一共打进 106 粒进球。按照以往，球队的进攻更多的是依赖前场“BBC”的个人能力，但是这个赛季“白衣军团”的进球大名单上却足足写满了 19 个人的名字（门将位置之外，除了卡瓦哈尔和科恩特朗，每个人都有进球入账），这就是皇马 2016/2017 赛季最大的变化之一——进攻的多元化。

在边后卫前插助攻时，莫德里奇和克罗斯就拉边负责补防，卡塞米罗负责中间。当球在中场时，C 罗和本泽马会经常回撤接应，再加上伊斯科，皇马出球的点非常多。而且中场 3 人组每个人都有一脚出色的远射能力，这也让众多球队防不胜防，在欧冠决赛中卡塞米罗的远射就是打开胜利大门的关键所在。

前插式进攻

随着年龄的增长 C 罗在球场上的职能也发生了变化，皇马 7 号越来越像是一位中锋，这也是 2016/2017 赛季皇马战术打法的一大特点。尽管射门更集中在中路，但葡萄牙人还是经常到左路活动，为伊斯科和本泽马创造拿球跑位的空间。

皇马进攻最大的特点之一就是边后卫极其大胆地前插压上，从某种程度上来说他们在场上就是边锋一样的存在，马塞洛就是最明显的例子。 脚下技术娴熟的巴西人时常跑到前场助攻或者内切，随着赛季的深入，这一打法已成为皇马的绝招之一，马塞洛带球在边路突破狂奔，为伊斯科创造空位的同时也为球队进攻提供了极其重要的因素——宽度。

2016/2017 赛季皇马的攻击火力位列全欧洲第三，他们 95% 的进球来自禁区内！这也从某种程度上说明了皇马创造机会能力的强悍，比如他们就经常利用底线来做文章，最近的例子就是欧冠决赛由 C 罗打进的第三球，莫德里奇在底线的传球帮助球队彻底锁定胜局。

我们经常会看到边后卫在底线接球或者直接将球带到底线附近，然后再观察着往禁区里面传。在边后卫带球突破的同时，其他的皇马前场队员就会在禁区内伺机而动，随时创造出打门的空当，这套打法贯穿了齐达内执教的整个赛季。

C罗的妙用

2016/2017 赛季皇马成功的法宝之一就是齐达内能够让更衣室保持团结，几乎每个人都在享受比赛。要知道伯纳乌的更衣室可是足球界最难管理的几个地方之一，由于巨星云集，很少有完全融洽的时候。球队首发拥有 C 罗和贝尔这样的超级巨星，替补席上坐着的莫拉塔、J 罗和伊斯科同样实力非凡，但比赛只能上 11 个人，如何安抚打不了主力的球员是主教练最重要的功课之一。

但齐达内做到了，让 C 罗接受轮换，在关键时刻敢于大胆起用年轻球员，而且表现得都非常不错，只能说法国人是出色的管理家。

C 罗刚刚度过了一个不可思议的赛季，在 32 岁的年纪还拥有着恐怖的统治力，着实了不起。2016/2017 赛季是他参加职业比赛的第 15 个赛季，而我们现在看到的 C 罗跟在曼联时期乃至刚刚加盟皇马时的 C 罗全然不同。

他清楚地意识到自己身体随着年龄增长而产生的变化，一直在积极主动地改变自己的打法，同时也在适应场上位置的变化。现在的 C 罗已经转化成一名中锋，往中路转移不仅能够延续他的统治力，同时进球数也没有下降太多，而且在关键场次的爆发更胜以往。

在这方面齐达内的影响不容忽视，法国人说服他接受轮换，将精力集中到更重要的比赛，从 2017 年 3 月 18 日开始，C 罗只有 1 次在联赛客场比赛中首发，这也让他远离旅途劳顿，在赛季后半段保持充足的体力和状态，并且在欧冠屡屡大爆发。

带队不到两年的时间，齐达内证明了自己有能力带好这支球队，59 年来第一次获得“双冠王”就是最好的证明。尽管球队并不是整个赛季都处在最佳状态，但皇马很快就对赛季初期的不足做出了修正，最终拿到了联赛和欧冠冠军。下个赛季，他们会朝着更加宏伟的目标进发。

高辰——曾用笔名“辰之极光”，足球评论员、专栏作者。隐没都市，寄情山水，自诩“修文史，攻韬略，今古情仇一月夜”。

无上王师

皇马欧冠冠军阵容点将录

■文：高辰

个人档案

- 中文名：齐内丁・齐达内
- 外文名：Zinedine Zidane
- 国籍：法国 ●出生地：马赛
- 出生日期：1972 年 6 月 23 日
- 身高：185cm ●体重：80kg

个人荣誉

- 世界足球先生：1998 年、2000 年、2003 年
- 法国足球先生：1998 年、2002 年
- 欧洲金球奖：1998 年
- 世界杯金球奖：2006 年
- 法国最佳青年球员：1993 年
- 法甲年度最佳球员： 1994 年、1996 年
- 欧洲最佳中场：1997/1998 赛季
- 意甲年度最佳外籍球员：1997 年、2001 年

俱乐部荣誉（球员时期）

- 西甲联赛冠军：2002/2003 赛季
- 国王杯冠军：2013/2014 赛季
- 西班牙超级杯冠军：2001 年、2003 年
- 欧洲冠军联赛冠军：2001/2002 赛季
- 欧洲超级杯冠军：1996 年、2002 年
- 洲际杯冠军：1996 年、2002 年
- 意甲联赛冠军：1996/1997 赛季、1997/1998 赛季
- 意大利超级杯冠军：1997 年
- 国际托托杯冠军：1995 年、1997 年

俱乐部荣誉（教练时期）

- 西甲联赛冠军：2016/2017 赛季
- 欧洲冠军联赛冠军：2015/2016 赛季、2016/2017 赛季
- 欧洲超级杯冠军：2016 年
- 世俱杯冠军：2016 年

国家队荣誉

- 世界杯冠军：1998 年
- 欧洲杯冠军：2000 年

齐达内
印象大师

2016 年 1 月 4 日，皇马正式宣布由齐达内接替贝尼特斯成为主帅。然而外界普遍认为，“菜鸟”级别的他不会大有所为，能带队打完余下的比赛就算是完成任务了。但齐达内，不仅更好地控制了更衣室，在战术上秉承了安切洛蒂的后场双核打法（克罗斯 + 莫德里奇），又沿袭了贝尼特斯以卡塞米罗作为中场攻守平衡的体系，重新打造了“4–3–3”的战术体系。

齐达内带领球队在 2015/2016 赛季余下的联赛赛事中仅居亚军，在欧冠联赛中一路过关斩将杀进决赛。决赛面对同城对手马竞，凭具争议性的越位进球，双方 1 比 1 战平，最终凭借点球以 5 比 3 险胜马竞。至此，齐达内成为第七位分别以球员和主教练身份获得欧冠冠军的人。

2016/2017 赛季皇马以 29 胜 6 平 3 负积 93 分的成绩力压巴萨，夺回阔别 5 年之久的西甲冠军，还成功卫冕欧冠冠军，使得皇马成为欧冠改制后首支卫冕的球队。

齐达内的成功，很大一点就是完全激活了队内球员的技术特点。首先他让 C 罗接受球队的轮换制度，而 C 罗的进球却并没有因为出场场次的减少而减少。

在欧冠对阵马竞、拜仁这样的硬仗当中，得到充分休息的 C 罗都成为比赛的主宰者，3 场欧冠 8 粒进球。决赛当中，又是 C 罗的梅开二度，不仅帮助球队成功卫冕，还获得欧冠联赛的最佳射手。

而齐达内的另一个特点就是对替补球员的调教，在接手皇马之前的半个赛季，皇马共打进 69 球，替补球员仅仅打进 9 球。2016/2017 赛季皇马的替补球员已经打进了多达 52 球，占到球队总进球数的 40% 还要多。

也许齐达内不会是最完美的战术大师，但他有绝对的个人魅力把球员凝聚起来，发挥他们最大的能量，对未来的“齐祖”和皇马，我们更加期待。

皇马首发阵容
主力前锋 / 7 号

罗纳尔多

伯纳乌之王

C 罗在 2016/2017 赛季的欧冠征程中尽管有点慢热，可是依然厥功至伟，是皇马阵中无可争议的头号球星。虽然小组赛阶段 C 罗作为一名射手只进 2 球的表现差强人意，但是我们大可以认为他是在为淘汰赛蓄力，集中精力面对淘汰赛的对手。

于是，1/4 决赛，两回合 6 比 3 气走拜仁慕尼黑，C 罗贡献 5 球，以一己之力击溃对手；半决赛 4 比 2 淘汰马德里竞技，他上演“帽子戏法”，大杀四方；决赛中，他又梅开二度，率领球队登上巅峰。最后 5 场关键较量，狂轰 10 球的 C 罗，在帮助俱乐部接连拿下了西甲冠军和欧冠冠军后，也彻底打消了许多人对他巅峰已过的质疑，甚至他又可以再扬眉吐气一次，高呼“2016/2017 赛季是属于我个人的一个赛季”！

其实在 2017 年 6 月 4 日 4 比 1 击败尤文图斯，蝉联欧冠冠军之前，C 罗就明显进入了暴走一般的状态，完全燃烧了起来。此役之后，他在 5 次面对防守能力出众的尤文图斯时，收获了 6 粒进球；又以 4 粒进球的成绩，成为欧冠改制后在决赛中进球最多的球员。而且他还以 12 球的成绩后来居上，超越了打进 11 球的梅西，自 2012/2013 赛季以来，连续 5 个赛季荣获欧冠金靴，更以 106 球的成绩稳坐欧冠历史射手榜的头把交椅。

就在几个月之前，还有传言认为“C 罗已过巅峰，状态下滑明显”。的确，在这样的年纪，不论是谁状态都会有所下滑，他的身体状态和竞技状态肯定不如从前，无法再大范围回撤到中后场，凭借个人能力带球直捣黄龙；也无法再凭借个人力量，与对手进行无休止的缠斗。可是，年纪并不能说明所有，有人注意过 C 罗 2016/2017 赛季的出场时间和效率吗？

当然必须要承认的是，C 罗目前已经达到了前所未有的巅峰时刻，尤其是从 2016 年到 2017 年这段时间，他连续捧起了两座欧冠冠军，又率领葡萄牙队在法兰西大地上演奇迹，拿下了葡萄牙历史上的第一座欧洲杯冠军。之后凭借在各项赛事中的优异表现，他先后问鼎 2016 年度葡萄牙足球先生、2016 年度欧洲最佳球员、2016 年度金球奖、2016 年度世界足球先生……

可以说，随着 2016/2017 赛季“双冠王”的成功加冕，几乎已经让 C 罗预定了 2017 年的金球奖和世界足球先生。看来，2017 年，注定也将是属于 C 罗的一年，而对于即将到来的 2017/2018 赛季，他同样虎视眈眈。

欧冠历史射手榜 TOP10

序号	球员姓名	国籍	出场	进球
1	C.罗纳尔多	葡萄牙	140	105
2	梅西	阿根廷	115	94
3	劳尔	西班牙	142	71
4	范尼斯特鲁伊	荷兰	73	56
5	本泽马	法国	95	51
6	亨利	法国	112	50
7	迪·斯蒂法诺	阿根廷	58	49
8	舍甫琴科	乌克兰	100	48
9	伊布拉西莫维奇	瑞典	119	48
10	尤西比奥	葡萄牙	63	47

2016/2017 赛季欧冠射手榜 TOP5

序号	球员姓名	国籍	俱乐部	出场	进球
1	C.罗纳尔多	葡萄牙	皇马	13	12
2	梅西	阿根廷	巴萨	9	11
3	卡瓦尼	乌拉圭	巴黎圣日尔曼	8	8
3	莱万多夫斯基	波兰	拜仁慕尼	9	8
4	奥巴梅扬	加蓬	多特蒙德	9	7
5	姆巴佩	法国	摩纳哥	9	6
5	格里兹曼	法国	马德里竞	12	6

个人档案

- 中文名：克里斯蒂亚诺·罗纳尔多
- 外文名：Cristiano Ronaldo
- 国籍：葡萄牙 ● 出生地：丰沙尔
- 出生日期：1985 年 2 月 5 日
- 身高：185cm ● 体重：80kg
- 场上位置：前锋、左右边锋

个人荣誉

- 世界足球先生：2008 年、2016 年
- 金球奖：2008 年、2013 年、2014 年、2016 年
- 英格兰足球先生：2007 年、2008 年
- 西甲最佳球员：2014 年
- 葡萄牙最佳球员：2007 年、2008 年、2009 年、2011 年、2012 年、2013 年、2015 年、2016 年
- 欧洲最佳球员：2014 年、2016 年
- 西甲最佳球员：2013/2014 赛季
- 欧冠最佳射手：2007/2008 赛季、2012/2013 赛季、2013/2014 赛季、2014/2015 赛季、2015/2016 赛季、2016/2017 赛季
- 欧洲金靴奖：2007/2008 赛季、2010/2011 赛季、2013/2014 赛季、2014/2015 赛季
- 英超金靴奖：2007/2008 赛季
- 西甲最佳射手：2010/2011 赛季、2013/2014 赛季、2014/2015 赛季

俱乐部荣誉

- 西甲联赛冠军：2011/2012 赛季、2016/2017 赛季
- 国王杯冠军：2010/2011 赛季、2013/2014 赛季
- 西班牙超级杯冠军：2012 年
- 欧洲冠军联赛冠军：2007/2008 赛季、2013/2014 赛季、2015/2016 赛季、2016/2017 赛季
- 欧洲超级杯冠军：2014 年、2016 年
- 英超联赛冠军：2006/2007 赛季、2007/2008 赛季、2008/2009 赛季
- 足总杯冠军：2004 年
- 英格兰联赛杯冠军：2005/2006 赛季、2008/2009 赛季
- 世俱杯冠军：2008 年、2014 年、2016 年

国家队荣誉

- 欧洲杯冠军：2016 年

adidas
Fly
Emirates

C罗欧冠12大进球

2016/2017 UEFA Champions League 12 Goals

C 罗在 2016/2017 赛季欧冠进球数达到 12 粒，超越了巴萨球星梅西的 11 球。其中 10 粒是在淘汰赛阶段打进的，可谓含金量十足，而梅西只在淘汰赛阶段打进 1 粒点球。C 罗也连续 5 个赛季加冕欧冠射手王。

1 2016 年 9 月 16 日，小组赛第一场，皇马主场以 2 比 1 战胜里斯本竞技。第 89 分钟 C 罗任意球破门，打入 2016/2017 赛季欧冠第 1 粒入球。

2 2016 年 9 月 28 日，小组赛第二场，皇马客场以 2 比 2 战平多特蒙德。C 罗第 17 分钟打破场上僵局，贝尔禁区右侧回敲，皮球从金特尔双腿间穿过，C 罗小禁区右上角外抽射远角入网，打入 2016/2017 赛季个人欧冠第 2 粒入球。

3-4 2017 年 4 月 13 日，8 强赛首回合，皇马客场以 2 比 1 战胜拜仁。C 罗大发神威，第 47 分钟无人盯防的 C 罗禁区中路右脚抽射，皮球飞入球门左下角；第 77 分钟 C 罗禁区中路倚住贝尔纳特，右脚垫射破门。最终 C 罗帮助“银河战舰”完成逆转，个人在 2016/2017 赛季欧冠已打入 4 球。

5-7 2017 年 2017 年 4 月 19 日，8 强赛次回合，皇马主场以 4 比 2 战胜拜仁。C 罗再次延续了良好状态，

第 76 分钟，C 罗力压拉姆 10 米处甩头攻门得分；第 105 分钟拉莫斯将球吊入禁区，C 罗胸部停球，皮球弹地之后 C 罗 12 米处左脚劲射破门；第 109 分钟 C 罗近距离推射空门得手，彻底断送了拜仁的晋级希望。

8-10 2017 年 5 月 3 日，半决赛首回合，皇家马德里在主场对阵马德里竞技，皇马最终以 3 比 0 取胜。第 10 分钟，卡塞米罗禁区右肋传中，C 罗力压后卫头球冲顶破门；第 73 分钟，本泽马禁区前横敲，费利佩铲断未果，C 罗禁区线内大力抽射破门；第 86 分钟，皇马底线前倒三角回敲，C 罗小禁区前停球后扫射破门。同时这也是葡萄牙人连续第二场欧冠比赛打进 3 球。

11-12 2017 年 6 月 4 日，欧冠决赛，皇马对阵尤文图斯。比赛第 20 分钟，迪巴拉前场盘带遭抢断丢球，皇马打出反击，克罗斯左路通过中场交给本泽马，本泽马转移到右侧，C 罗与卡瓦哈尔踢墙配合，卡瓦哈尔禁区右侧回敲，C 罗在门前 13 米处推射入左下角，打入第一粒进球。第 64 分钟，C 罗梅开二度！卡塞米罗中圈长传，阿莱士・桑德罗头球解围被莫德里奇断下，卡瓦哈尔右路直塞前插的莫德里奇，莫德里奇底线传中，C 罗前点距门 3 米处小角度半凌空推进远角，葡萄牙天王打入 2016/2017 赛季欧冠的第 12 粒进球。

皇马首发阵容
主力前锋/9号

本泽马
法兰西天王

如果说即将迎来而立之年的本泽马还不够优秀的话，那么齐达内又该把首发中锋的位置交给谁呢？

在传统站桩式中锋越来越不受重用的今天，以拿球能力、移动能力和配合能力闻名的本泽马一直是皇马各种战术中的关键一环。放在禁区内，他可以作为支点，可以作为终结者；拉到边路，他可以策应，也可以自己突破。在场上位置越来越模糊的这个时代，足以胜任多项重担的本泽马无疑是不可多得的一员虎将。

出道于法国里昂的本泽马，早在还不满17岁时就进入了里昂一线队，20岁那一年他首次完成了进球“30+”的数据。为此，他赢得了来自许多豪门的邀请，拜仁以及巴萨都对他产生过兴趣，连“红魔”主帅弗格森都对他青睐有加，而皇马的弗洛伦蒂诺同样对他志在必得。最终皇马以3500万欧元的代价，战胜了所有竞争对手，把他请上了“银河战舰”，从那一刻起本泽马正式移师伯纳乌，开启了自己职业生涯中最精彩的一段旅途。

在2016/2017赛季的欧冠征途中，本泽马仅有在客场对阵里斯本竞技时不是首发出战，其余场次全部先发上阵。尤其是在小组赛主场与多特蒙德的关键一战中，当C罗面对对手的围追堵截迟迟找不到射门的准星时，本泽马勇敢地挺身而出，接过了为球队攻城拔寨的任务。他先接应卡瓦哈尔的低平球传中，后点推射首开纪录，再接到J罗准确的高空传中，头球破关，从而帮助皇马一度取得了2比0的领先优势。

淘汰赛面对那不勒斯，纵然因西涅用一脚世界波率先发难，可是本泽马却依靠和C罗之间的默契配合，反复进行穿插、换位，终于抓住了卡瓦哈尔的传中机会，与“葡萄牙天王”共同完成了精妙绝伦的“双鬼拍门”，吹响了皇马的反攻号角。决赛对阵尤文图斯时，虽然他频频拉到边路为队友传球、吸引防守注意力的本泽马没有进球、没有助攻，可是1次关键传球、2次抢断的数据，岂不是正好说明了他技术全面的特点吗？

尽管在俱乐部的得意永远无法抹去他在国家队的失意，但是看看一直以来有多少球队都愿意对他抛出橄榄枝，有多少球队都对他垂涎不已，这不正好说明了他之所以能身在皇马效力的原因吗？

■个人档案

- 中文名：卡里姆·本泽马
- 外文名：Karim Benzema
- 国籍：法国 ●出生地：里昂
- 出生日期：1987 年 12 月 19 日
- 身高：187cm ●体重：79kg
- 场上位置：中锋

■个人荣誉

- 法国足球先生：2011 年、2012 年、2014 年
- 法甲年度最佳球员：2007/2008 赛季
- 法甲最佳射手：2007/2008 赛季

■俱乐部荣誉

- 西甲联赛冠军：2011/2012 赛季、2016/2017 赛季
- 国王杯冠军：2010/2011 赛季、2013/2014 赛季
- 西班牙超级杯冠军：2012 年
- 欧洲冠军联赛冠军：2013/2014 赛季、2015/2016 赛季、2016/2017 赛季
- 欧洲超级杯冠军：2014 年、2016 年
- 法甲联赛冠军：2004/2005 赛季、2005/2006 赛季、2006/2007 赛季、2007/2008 赛季
- 法国杯冠军：2007/2008 赛季
- 法国超级杯冠军：2006 年、2007 年
- 世俱杯冠军：2014 年、2016 年

■国家队荣誉

- 欧洲 U-17 锦标赛冠军：2004 年

皇马首发阵容
主力中场 / **19** 号

莫德里奇
梦幻魔笛

球风潇洒、走位飘忽、视野开阔的莫德里奇与许多来自南欧的球员一样，也是在战火中成长起来的，而且似乎他的整个职业生涯都伴随着利物浦功勋主帅比尔·香克利那句，"足球无关生死，足球高于生死"。

莫德里奇的童年一直弥漫着克罗地亚独立战争的战火和硝烟，为了能够活下去，他不得不在还不满 18 岁的时候就开始外出打工。可是不论生活多么艰难，他都没有放弃足球，而他的命运也注定会因为足球得到改变。

因为年轻时留着一头长发的外貌和踢球的动作均与鼎鼎大名的"球圣"克鲁伊夫相似，为此很多人都将他称为"克鲁伊夫二世"，其实相比起肩负进球重任的"荷兰飞人"，能攻善守的莫德里奇技术更加全面，既可以胜任前腰，又能作为后腰上阵，并且在经过了萨格勒布迪纳摩的锤炼，以及热刺时代的声名远播后，他终于在 2012 年夏天以 3500 万欧元的身价转会皇马。

在 2016/2017 赛季的欧冠联赛中，莫德里奇仅仅只缺席了一场比赛，他以场均 2.5 次过人及高达 89.3% 的传球成功率一次次驱动着球队的前进，又以场均 2.5 次抢断和 0.5 次解围一次次对抗攻过半场的对手。虽然身居要位，可是他却不自私，他从不因为射门机会、拿球次数的多少与队友们争风吃醋，他只关心自己如何用传球和组织来帮助队友们打破僵局、锁定胜局。于是，他的进球和助攻数据较之以往都出现了下滑，整个系列赛下来只有 1 次助攻，没有进球。对此，他并不在乎，因为在他看来赢球、获胜才是最重要的。

莫德里奇掌控中场的光芒大多都被以 C 罗为首的皇马锋线众星掩盖住时，他没有抱怨过，他知道作为球队的大脑、节拍器，他的存在将会决定比赛的走势和最终的结果。就像决赛面对尤文图斯时，深知 1 球的优势不足以确保胜利，因此他才勇敢快速前插助攻，在穿越了尤文图斯的整条防线后，在皮球即将划过底线的一刻机敏地出脚传中，为 C 罗送上了绝妙的助攻。这一球只有心领神会的球员才能做到，也只有像莫德里奇这样球商高超的球员才能想到，正所谓：艺高人胆大。

虽说即将年满 32 岁的莫德里奇已经进入自己职业生涯的末期，可是"家有一老如有一宝"这句话绝对不会错，一个"年迈"的莫德里奇依然能让皇马在面对所有对手时挺起腰杆、挺枪而战。

个人档案

- 中文名：卢卡·莫德里奇
- 外文名：Luka Modrić
- 国籍：克罗地亚 ● 出生地：扎达尔
- 出生日期：1985 年 9 月 9 日
- 身高：174cm ● 体重：65kg
- 场上位置：后腰、前腰

个人荣誉

- 克罗地亚足球先生：2007 年、2008 年、2011 年、2014 年、2016 年
- 克罗地亚最佳球员：2013 年、2014 年、2015 年、2016 年
- 克罗地亚年度希望之星：2004 年
- 西甲最佳中场球员：2013/2014 赛季、2015/2016 赛季
- 托特纳姆年度最佳球员：2010/2011赛季
- 波斯尼亚超级联赛最佳球员：2003 年

俱乐部荣誉

- 西甲联赛冠军：2016/2017 赛季
- 国王杯冠军：2013/2014 赛季
- 欧洲冠军联赛冠军：2013/2014 赛季、2015/2016 赛季、2016/2017 赛季
- 欧洲超级杯冠军：2014 年、2016 年
- 世俱杯冠军：2014 年、2016 年
- 克罗地亚联赛冠军：2005/2006 赛季、2006/2007 赛季、2007/2008 赛季
- 克罗地亚杯冠军：2006/2007 赛季、2007/2008 赛季
- 克罗地亚超级杯冠军：2006 年

皇马首发阵容
主力中场 / **8** 号

克罗斯
德意志引擎

一直以来，德国出产的球星似乎很少有特立独行、个性张扬的类型，他们没有华丽的脚下技术、夸张的衣着打扮，但是他们都恪尽职守、低调实用，从而深得每一位主教练的喜爱，托尼·克罗斯也不例外。

出生在运动世家的克罗斯，在很小的时候就表现出了优秀的足球天赋，从而获得了加盟拜仁的机会。后来经历了外租勒沃库森时代的大红大紫，克罗斯以王者的姿态重回安联球场，并在那里逐渐成长为一名世界级中场。2014年的夏天，克罗斯携世界杯冠军头衔加盟皇马，与莫德里奇共同组成了皇马中场的技术型“双核”。

身为莫德里奇的辅佐者，克罗斯的身上拥有出色的视野、很好的大局观、精准的传球能力，以及细腻的原地摆脱能力，他是高效足球的代表人物，更是控制型中场的又一位代表人物。尽管克罗斯身上的星光远远不及C罗、J罗、贝尔等人耀眼，而且他在比赛中总是会习惯性低调，但是这些都无法掩盖他的才华。比如，在两回合与那不勒斯的争夺中，克罗斯总共完成了1球、1次助攻、6次关键传球、4次抢断的全面数据，攻防两端都有他的身影，而且那一记推射破门更是典型的“克罗斯式进球”——摆腿幅度小、出脚速度快，看起来轻描淡写，实际上则防不胜防、威力无穷。

其实自从来到伯纳乌以后，他与莫德里奇的组合经常会呈现出“一加一大于二”的化学反应。欧冠半决赛首回合对阵马德里竞技时，克罗斯在90分钟时间内，把自己掌控中场和精准传球的功底体现得淋漓尽致。根据赛后统计，他合计传球104次，领跑全场，成功传球的次数达到了不可思议的100次，换言之，在这场强强对话中，他的传球成功率达到了惊人的96%，这足以显示出克罗斯炉火纯青的传球功力，以及对中场的控制力。也正是由于克罗斯发挥得如此出色，马德里竞技才始终无法发挥出自己进攻的实力，只能被动挨打。

从拜仁到皇马，从海因克斯到齐达内，即使执掌球队的主教练换了再换，但克罗斯的地位却是始终雷打不动的，而这一切恰好证明了这位德国中场无可替代的作用。于是，也有许多人戏称他是“总裁（C罗）背后的男人”。

个人档案

- 中文名：托尼·克罗斯
- 外文名：Toni Kroos
- 国籍：德国 ● 出生地：格赖夫斯瓦尔德
- 出生日期：1990 年 1 月 4 日
- 身高：182cm ● 体重：78kg
- 场上位置：后腰、前腰

个人荣誉

- 欧洲杯最佳中场：2016 年
- 世界杯助攻王：2014 年
- 德国银月桂叶勋章：2010 年、2014 年
- 欧洲 U17 锦标赛金球奖：2006 年
- 欧洲 U17 锦标赛金靴奖：2007 年
- U-17 世青赛金球奖：2007 年

俱乐部荣誉

- 西甲联赛冠军：2016/2017 赛季
- 国王杯冠军：2013/2014 赛季
- 欧洲冠军联赛冠军：2012/2013 赛季、2015/2016 赛季、2016/2017 赛季
- 欧洲超级杯冠军：2013 年、2014 年、2016 年
- 世俱杯冠军：2013 年、2014 年、2016 年
- 德甲联赛冠军：2007/2008 赛季、2012/2013 赛季、2013/2014 赛季
- 德国杯冠军：2007/2008 赛季、2012/2013 赛季、2013/2014 赛季
- 德国超级杯：2012 年
- 德国联赛杯：2007 年

国家队荣誉

- 世界杯冠军：2014 年
- 世界杯季军：2010 年

皇马首发阵容
主力中场 / 22号

伊斯科
独步金童

在一向不缺少青年才俊的皇马阵中，绝不是所有人都能善始善终的，能不能发挥出自己的特点将会关乎自己的未来。可即使你沉沦过、低迷过、消极过，都不要紧，只要抓住机会绽放光芒，你就会是这里的又一位成功者。

1992年出生的伊斯科是从家乡的贝纳米尔竞技俱乐部开始的职业生涯，后来他得到了瓦伦西亚的青睐，又经过了马拉加时代的声名鹊起，最终在2013年6月27日以3000万欧元的身价加盟皇马。

从那一刻起，所有人一直认为年轻有为的伊斯科会挑起大梁，成为伯纳乌未来的指挥官，毕竟从安达卢西亚而来的他拥有不输给任何南美球员的脚下技术，可以从容地在中前场撕开对手的防线，又能够为队友奉献手术刀一般的直塞球，而且还可以胜任左、中、右侧的多个位置，是一位不可多得的前场多面手。

然而由于有太强的表现欲望，伊斯科一而再再而三地延误战机，从而逐渐找不到踢球的感觉。直到2016/2017赛季的欧冠半决赛后，齐达内在急需要一位可以改变局面、打破平衡的人时，才确立了以擅长突破和过人的伊斯科为核心的前场新攻击组合，并如他所愿一般，让他拥有了足够的奔跑空间和拿球机会。

从表面来看，齐达内的确是减少了伊斯科的上场时间，实际上他却把伊斯科身上的潜力几乎全部激发了出来，将他与C罗、本泽马、马塞洛完美地串联在了一起，构筑起了左路的攻势，又使他可以和莫德里奇、克罗斯形成互动，完全掌控中场的球权。半决赛次回合对阵马德里竞技时，面对开场不到20分钟就被对手连下两城的被动境地，C罗、本泽马都被对手严防死守、无可奈何，若非是伊斯科及时打进1球，恐怕皇马的晋级之路又会变得异常艰难。决赛对阵尤文图斯，频频在左路游弋的他，与本泽马、马塞洛一次又一次打穿对手的防线，互相之间配合得天衣无缝，即使没能进球、助攻，可是他所起到的牵制作用同样不可忽视。

所以说，现年25岁的伊斯科还可以继续成长，还远不到巅峰的时刻！只要他安心、冷静，改掉以往着急、毛糙的毛病，那么他一定会在齐达内的麾下迎来自己职业生涯中的又一次长足进步。

个人档案

- 中文名：伊斯科
- 外文名：Isco
- 国籍：西班牙 ● 出生地：贝纳尔马德纳
- 出生日期：1992 年 4 月 21 日
- 身高：176cm ● 体重：74kg
- 场上位置：前腰

个人荣誉

- 欧洲金童奖：2012 年
- 布拉沃奖：2013 年

俱乐部荣誉

- 西甲联赛冠军：2016/2017 赛季
- 国王杯冠军：2013/2014 赛季
- 欧洲冠军联赛冠军：2013/2014 赛季、2015/2016 赛季、2016/2017 赛季
- 欧洲超级杯冠军：2014 年、2016 年
- 世俱杯冠军：2014 年、2016 年

国家队荣誉

- U-17 世青赛季军：2009 年
- U-21 欧洲锦标赛冠军：2013 年

个人档案

- 中文名：卡洛斯·卡塞米罗
- 外文名：Carlos Casemiro
- 国籍：巴西 ● 出生地：圣保罗
- 出生日期：1992 年 2 月 23 日
- 身高：184cm ● 体重：80kg
- 场上位置：后腰

俱乐部荣誉

- 西甲联赛冠军：2016/2017 赛季
- 国王杯冠军：2013/2014 赛季
- 欧洲冠军联赛冠军：2013/2014 赛季、2015/2016 赛季、2016/2017 赛季
- 欧洲超级杯冠军：2016 年
- 世俱杯冠军：2016 年
- 南美杯冠军：2012 年

国家队荣誉

- U-20 南美锦标赛冠军：2011 年
- U-20 世青赛冠军：2011 年

皇马首发阵容
主力中场 / **14** 号

卡塞米罗
桑巴野兽

一脚石破天惊的远射，一个如同金子般的进球，一场名垂青史的比赛——2017 年 6 月 4 日欧冠决赛，注定要让卡塞米罗这位皇马阵中此前不折不扣的角色球员，一举成为这个夏天人们津津乐道的话题人物。

来自于巴西圣保罗的卡塞米罗，拥有出色的足球天赋，他曾代表过各级别的巴西国字号青年队出场，还参加了 2011 年的南美 U20 锦标赛，并且在那届赛事中赢得了一个与前辈巴普蒂斯塔相同的绰号“野兽”。

效力于圣保罗时期的卡塞米罗意气风发，身为一名“10 号位”球员，他可以通过自己出色的脚下技术及传球能力，帮助队友一次次觅得进球的机会，也可以自己完成突破，或者一脚精彩的射门。不过在来到皇马后，因为球队需要他充当哈维·阿隆索的替补，所以卡塞米罗的位置才开始逐渐后移，从前腰慢慢转型成了一名风格近似于皮尔洛、卡里克类型的组织型后腰。

在 2016/2017 赛季的欧冠联赛中，由于有卡塞米罗的存在，皇马缺乏硬度的中场瞬间有了改观。不论是 1/4 决赛与拜仁慕尼黑较量，还是半决赛对抗马德里竞技，卡塞米罗均能完成抢断、拦截的任务，在后防线前构筑起一道坚固的屏障，时不时还会有一脚漂亮的转移球、一次精妙无比的助攻。决赛中，他用 7 次抢断彻底遏制了尤文图斯试图发动反攻的中场，使对手的进攻在下半场完全瘫痪。其实早在 2016 年的欧冠决赛中，卡塞米罗就曾接应贝尔踢出的任意球制造过杀机。一年之后，又是在欧冠决赛中，卡塞米罗远射建功、奠定胜局，帮助皇马 4 比 1 击败尤文，成功卫冕。这样出色的表现不仅令他一战成名，更使他在这场比赛的赛后评分中，以 8.6 分笑傲全场。

未来，一个更加出色的全能型后腰正向我们走来，他正朝着成为一名世界级中场的方向全速前进。

皇马首发阵容
主力后卫/**4**号

拉莫斯
超级水爷

穆里尼奥曾说过："我去皇马之前，拉莫斯还没进过欧冠八强"，没错！那时候的拉莫斯与皇马一样，被戏称为"十六郎"。可是在穆里尼奥离开皇马后，拉莫斯已经拿下了三座欧冠冠军，而且还与皇马一同改写了欧冠改制后无人能卫冕的历史。

生在塞维利亚，长在塞维利亚，带有一口浓厚安达卢西亚口音的拉莫斯，早在还不满18岁时就脱颖而出，成为塞维利亚一线队的成员。他原本是一名满场飞奔、体能充沛、助攻能力非常出众的右边后卫，后来因为头球出色、判断准确，而且还有一脚精准的传球功力，从而被改造成了一名中后卫，并在2004年夏天转会皇马时，一度创造了2700万欧元的西班牙球员转会纪录。

踏上伯纳乌的草坪后，拉莫斯因为年轻，状态经常会出现波动，又在右边后卫和中后卫的位置上来回往返过很久。于是，那时候的拉莫斯时常会陷入位置感不佳的泥潭之中，时常也会有欠佳的发挥。可是随着年龄的增长，比赛阅历的增加，如今被固定在中央防区的他，不仅只是后防线上的定海神针，更是皇马的副队长，球队和更衣室的精神领袖。

在2016/2017赛季的欧冠征途中，拉莫斯作为主力中后卫，仅仅只缺席过小组赛中与华沙莱吉亚的两回合交手，其余11场比赛全部首发出战，尤其是在客场3比1战胜那不勒斯一役中，拉莫斯再次向世人展示了他在门前几乎与射手无异的嗅觉。当时那不勒斯刚刚由梅尔滕斯将总比分扳为2比3，正在努力争取反败为胜，努力获取晋级的机会，但是拉莫斯却在一次角球战术中高高跃起，接应克罗斯的传球头槌破门，彻底浇灭了那不勒斯的反攻烈焰。

接下来，面对最熟悉的对手马德里竞技，在次回合对手掀起了疯狂的反攻攻势后，拉莫斯固守禁区，以整个系列赛中个人最高的13次解围，以及2次抢断的数据守住了胜利的果实，帮助球队成功挺进加的夫。

如今已经年满31岁的拉莫斯，正处在职业生涯的黄金年龄，他早已是一位出名的奖杯收集者，从联赛到杯赛，再到洲际大赛。在外人看来，他的职业生涯已经没有遗憾，但在他自己眼中，继续走下去的动力无疑是希望自己的未来能更加辉煌。

个人档案

- 中文名：塞尔吉奥·拉莫斯
- 英文名：Sergio Ramos
- 国籍：西班牙 ●出生地：塞维利亚
- 出生日期：1986 年 3 月 30 日
- 身高：183cm ●体重：75kg
- 场上位置：中后卫、右后卫

个人荣誉

- 西班牙最佳年轻球员：2004/2005 赛季
- 西甲最佳后卫：2011/2012 赛季、2012/2013 赛季、2013/2014 赛季、2014/2015 赛季
- 世俱杯金球奖：2014 年

俱乐部荣誉

- 西甲联赛冠军：2006/2007 赛季、2007/2008 赛季、2011/2012 赛季、2016/2017 赛季
- 国王杯冠军：2010/2011 赛季、2013/2014 赛季
- 欧洲冠军联赛冠军：2012/2013 赛季、2015/2016 赛季、 2016/2017 赛季
- 欧洲超级杯冠军：2014 年、2016 年
- 世俱杯冠军：2014 年、2016 年
- 世俱杯金球奖：2014 年

国家队荣誉

- 世界杯冠军：2010 年
- 欧洲杯冠军：2008 年、2012 年
- 联合会杯亚军：2013 年
- U-19 欧洲锦标赛冠军：2004 年

皇马首发阵容
主力后卫 / 12 号

马塞洛
古怪精灵

性格外向、一脸萌样的马塞洛，似乎从出道之日起就是所有人津津乐道的话题人物。早年家境贫寒的他险些迫于生活的压力放弃了自己挚爱的足球，好在他遇到了弗卢米嫩塞伸出的援手，否则我们恐怕也看不到这位跑起来像风一样的巴西边后卫踢球了。

2007 年的冬天，还不满 20 岁的马塞洛就被皇马迫不及待地带到了马德里，当时技术出色、助攻能力卓绝的他被看作罗伯特·卡洛斯在巴西国家队和皇马的天然接班人。时间久了我们才发现其实他与罗伯特·卡洛斯还是有很多不同的，比如马塞洛习惯在底线内切，而且成功率很高；比如马塞洛时常会游弋到中路，单枪匹马独闯龙潭；再比如马塞洛一对一的时候，首先考虑的一定不是传球，而是突破过人。

尽管十年来，马塞洛遇到过很多同位置的竞争对手，也一度被改造成为左边前卫、左边锋，但是改来改去，真正属于他的位置、最适合他的位置依旧是左边后卫，就算他先后遇到过德伦特、科恩特朗等人的有力竞争和挑战，可是笑到最后的却始终是脸上常挂着笑容的这位巴西人。

2017 年 4 月 19 日，当皇马与拜仁慕尼黑不得不通过加时赛来分胜负时，马塞洛突然像一匹脱缰野马般地径直杀到了对手的禁区内，一路上基米希、蒂亚戈拦不住他，博阿滕、胡梅尔斯也对他的前进之路无可奈何，正当诺伊尔倒地准备完成封堵、扑救时，他又无私地把球传给了 C 罗，为球队奠定胜局。那一刻，进球的是 C 罗，但获得掌声的却是沿着边线疯狂庆祝的马塞洛，但这还不是他最精彩的表演。

2017 年 6 月 4 日，当时已经手握两球优势的皇马还在努力进攻，依然没有结束这场表演的意思，马塞洛正是不愿意结束表演的人之一。他还像比赛刚刚开场那样，一次次带球沿着左路的底线持续挺进，这一回上前拦截的博努奇对他完全没有办法，不仅自己摔得人仰马翻，还只能默默目送他给阿森西奥送出妙传，将比分扩大为 4 比 1。

可能至今依然有人会对他太喜欢进攻，常常因为进攻忽视防守的问题诟病不已，但是难道你忘记了吗？在足球场上，“最好的防守就是进攻”这句话从没有错过！

■个人档案

- ●中文名：马塞洛
- ●外文名：Marcelo
- ●国籍：巴西 / 西班牙 ●出生地：里约热内卢
- ●出生日期：1988 年 5 月 12 日
- ●身高：174cm ●体重：73kg
- ●场上位置：左后卫

■俱乐部荣誉

- ●西甲联赛冠军：2006/2007 赛季、2007/2008 赛季、2011/2012 赛季、2016/2017 赛季
- ●国王杯冠军：2010/2011 赛季、2013/2014 赛季
- ●西班牙超级杯：2008 年、2012 年
- ●欧洲冠军联赛冠军：2012/2013 赛季、2015/2016 赛季、2016/2017 赛季
- ●欧洲超级杯冠军：2014 年、2016 年
- ●世俱杯冠军：2014 年、2016 年
- ●里约州联赛冠军：2005 年
- ●里约热内卢奖杯冠军：2005 年

■国家队荣誉

- ●联合会杯冠军：2013 年
- ●奥运男足银牌：2012 年

皇马首发阵容
主力后卫 / 5号

瓦拉内
超级学霸

1993 年出生在法国里尔的瓦拉内，早年的职业生涯是在朗斯出道的，而且他还曾在 2014 年时险些投奔了当时执掌曼联的弗格森，可是由于菲尔 · 琼斯的转会在半路杀出，再加上齐达内亲自对他进行了游说，最终他才做出了留在皇马的决定。

按照皇马的传统，年轻球员一定是被到处租借练级的，有了资历和高光的表现后，才会被“回收”，至于主力的位置则永远属于 C 罗、贝尔、拉莫斯这样的超级球星。可是初来乍到的瓦拉内却由于深得时任主帅穆里尼奥的信任，从而频频获得登场亮相的机会，并且在 2011/2012 赛季的西甲联赛中，以一个可以媲美伊布“蝎子摆尾”式的进球，成为西甲历史上第四年轻的进球者。

如今身材高大、头球能力出色的瓦拉内，已经凭借那股与他年龄不符的冷静及令人拍案叫绝的制空能力，与拉莫斯组成了一对默契的中后卫搭档。他们二人一个个性张扬，一个沉着冷静；一个身体强壮，一个运动能力出色，方方面面都形成完美的互补，同时他们二人还有一个共同点，那就是出众的头球能力，尤其是在球队获得前场定位球的机会时，他们总能完成破门。

在 2016/2017 赛季的欧冠小组赛中，瓦拉内在面对多特蒙德和里斯本竞技时，分别打进过 1 个进球，可惜这两个进球都是他在门前完成的机敏补射，而非是力拔山兮一般的大力头槌。不过，不论球是怎么进的，反正瓦拉内在门前觅得机会的能力已经得到了充分的证明。

然而作为一名中后卫，最重要的任务依旧是防守，瓦拉内在这一点上完成得同样也很优秀。虽然在整个系列赛中，皇马仅有一场零封对手的比赛（3 比 0 马德里竞技），可是瓦拉内却在每场比赛中都有关键拦截和解围。在对阵尤文图斯的决赛中，他贡献了 3 次抢断、4 次解围，几乎没有给对手留下任何机会，更重要的是瓦拉内在 90 分钟的时间内 1 次犯规都没有，从根本上杜绝了尤文图斯企图利用定位球寻找破门机会的想法。

从目前来看，瓦拉内尽管距离世界最佳中后卫还差点距离，可是毕竟他只有 24 岁，还有大把的青春，还有长足的进步空间。因此，他的未来，一切皆有可能！

个人档案

- 中文名：拉斐尔·瓦拉内
- 外文名：Raphaël Varane
- 国籍：法国 ● 出生地：里尔
- 出生日期：1993 年 4 月 25 日
- 身高：191cm ● 体重：78kg
- 场上位置：中后卫

俱乐部荣誉

- 西甲联赛冠军：2011/2012 赛季、2016/2017 赛季
- 国王杯冠军：2013/2014 赛季
- 西班牙超级杯冠军：2012 年
- 欧洲冠军联赛冠军：2013/2014 赛季、2015/2016 赛季、2016/2017 赛季
- 欧洲超级杯冠军：2014 年、2016 年
- 世俱杯冠军：2014 年、2016 年

个人档案

- 中文名：丹尼尔·卡瓦哈尔
- 外文名：Daniel Carvajal
- 国籍：西班牙 ●出生地：莱加内斯
- 出生日期：1992 年 1 月 11 日
- 身高：173cm ●体重：70kg
- 场上位置：右后卫

俱乐部荣誉

- 西甲联赛冠军：2016/2017 赛季
- 国王杯冠军：2013/2014 赛季
- 欧洲冠军联赛冠军：2013/2014 赛季、2015/2016 赛季、2016/2017 赛季
- 欧洲超级杯冠军：2014 年、2016 年
- 世俱杯冠军：2014 年、2016 年

国家队荣誉

- U-19 欧洲锦标赛冠军：2011 年
- U-21 欧洲锦标赛冠军：2013 年

皇马首发阵容
主力后卫/2号

卡瓦哈尔
右路铁闸

进——能突破、传中，完成助攻；退——能抢断、拦截，遏制对手。卡瓦哈尔或许目前还无法超越阿尔维斯、拉姆等前辈，无法跟“五星巴西”的“右路永动机”卡福相提并论，也无法成为当今足坛最佳右边后卫的人选，但是对于这位进攻犀利、防守凶狠的西班牙人来说，未来又有何不可呢？

卡瓦哈尔出生在马德里近郊的莱加内斯，成长于青年才俊云集的皇马青训营，看上去如今皇马的“右路铁闸”卡瓦哈尔根正苗红，其实他并非是在西甲出名的，而是在2012年转会到勒沃库森，在德甲赛场上打出了名堂后，才被急需要寻找一名优秀右边后卫的皇马回购的。当然作为一名一直被低估的球员，在回到伯纳乌后，卡瓦哈尔同样很努力，他体能充沛、防守积极，助攻能力强的特点逐渐发挥了出来，就连顶着“阿尔维斯接班人”头衔而来的达尼洛都无法撼动他的首发位置。

在齐达内的眼中，能上能下的卡瓦哈尔如果只被局限在后半场的话，那将是对他才华的浪费和舍弃，所以整个右侧的走廊都该交给他尽情挥洒，其他队员尽量不要在这个区域抢占空间，就像2017年6月4日在加的夫面对尤文图斯时一样。

之前由布冯坐镇的“老妇人”防线一直号称是铜墙铁壁一般坚固，整个淘汰赛阶段只丢了1个球，全部12场比赛也只是丢了3个球。可是天下武功唯快不破，面对对面老将居多的阵容，卡瓦哈尔以快制胜，甩开对手，狂奔60多米送出了一脚恰到好处的传中球，在与C罗完成了二过二的配合后，又及时拉边，为C罗提供了首开纪录的助攻。其实在这之前，卡瓦哈尔就先后多次表现出了自己非常有特点的助攻能力，对阵多特蒙德、那不勒斯、拜仁，都是他在突破后、或者前压后为队友们送出助攻，时而是脚内侧的低平传中球，时而是脚外侧的高空弧线球。因为传球方式多种多样，助攻形式花样百出，所以他才能以5次助攻的成绩成为皇马队内的头号助攻王。

不过，这仅仅只是一个开始罢了，要知道1992年出生的卡瓦哈尔不过才25岁，上升和进步的空间还很大。因此，不必心急去争夺什么，时间还有很多，打好每一场比赛才是最重要的。

皇马首发阵容
主力门将/1号

纳瓦斯
加勒比门神

作为皇马后防线上最后的关键一环，处在而立之年的纳瓦斯在2016/2017赛季的欧冠征途中功不可没。来自哥斯达黎加的他，是皇马历史上的第一位哥斯达黎加球员，同时也是一位与前皇马门将卡西利亚斯风格极为相似的球员，他的身材并不高大，只有刚刚超过180厘米的身高，但就是在这样一副不算高大的身躯下，他却用出色的反应能力和门线技术成为伯纳乌如今最值得信赖的守护神。

早年纳瓦斯起步于哥斯达黎加国内的萨普里萨俱乐部，之后他又经历了西乙联赛的打磨，最终在2014年巴西世界杯后，他带着2013/2014赛季“西甲最佳门将”的头衔从莱万特转会皇马。初到伯纳乌，纳瓦斯只是在场边一次次观摩着“圣卡西”的表演，并且利用一切可以得到的机会获取上场时间。一年之后，功勋门将卡西利亚斯的离队，让纳瓦斯终于成为皇马的“No.1”。

2015/2016赛季是纳瓦斯的高光时刻，他只丢了28球，场均丢球数为0.82，一共有22次零封对手，而且4次面对点球扑出了3个，就连马竞当家球星格里兹曼都没能在点球点前战胜他，要知道皇马上一位比纳瓦斯场均丢球更少的门将，还是1996/1997赛季的伊尔格纳。

可是纵然他很出色，然而还是有人一直在说：“纳瓦斯太朴实、太低调，与皇马的星味和气质不符。”其实在一群星光璀璨的球星面前，不正需要一位朴实无华的实干派吗？这样才显得得体、完美，就如同在2016/2017赛季的欧冠联赛中，朴实的纳瓦斯一次次挽救了皇马，他只缺席了一场较量。尽管从数据上来说，他只有一场零封对手的比赛，但那场比赛却恰恰是奠定皇马进军加的夫的关键一役——皇马3比0马德里竞技。决赛中，面对曼祖基奇、迪巴拉轮番的威胁，纳瓦斯也只是在曼祖基奇那一记飘逸的神仙球面前败下了阵。

如今看来，一座欧冠奖杯，一座西甲奖杯，这是对纳瓦斯最好的嘉奖，而他更是皇马收获的又一笔宝贵财富。

个人档案

- 中文名：凯洛尔·纳瓦斯
- 外文名：Keylor Navas
- 国籍：哥斯达黎加 ● 出生地：圣伊西德罗
- 出生日期：1986 年 12 月 15 日
- 身高：185cm ● 体重：78kg
- 场上位置：守门员

个人荣誉

- 西甲最佳门将奖：2013/2014 赛季
- 美洲年度最佳门将奖：2016 年
- 美洲金杯最佳球员奖：2014 年
- 美洲金杯最佳门将奖：2009 年
- 中美洲国家杯最佳门将奖：2009 年

俱乐部荣誉

- 西甲联赛冠军：2016/2017 赛季
- 欧洲冠军联赛冠军：2015/2016 赛季、2016/2017 赛季
- 欧洲超级杯冠军：2014 年
- 世俱杯冠军：2014 年、2016 年
- 哥斯达黎加甲级联赛冠军：2005/2006 赛季、2006/2007 赛季、2007 年、2008 年、2010 年
- 中北美洲及加勒比海冠军联赛冠军：2005 年

个人档案

- 中文名：加雷斯・贝尔
- 外文名：Gareth Bale
- 国籍：英国（威尔士）
- 出生地：加的夫
- 出生日期：1989 年 7 月 16 日
- 身高：183cm
- 体重：74kg
- 场上位置：右边锋

个人荣誉

- 威尔士足球先生：2010 年、2011 年、2013 年、2014 年、2015 年、2016 年
- 英超年度最佳年轻球员：2013 年
- 英超年度最佳球员：2011年、2013 年
- 威尔士最佳年轻球员：2007 年
- 英足总最佳青年球员：2007 年

俱乐部荣誉

- 西甲联赛冠军：2016/2017 赛季
- 国王杯冠军：2013/2014 赛季
- 欧洲冠军联赛冠军：2013/2014 赛季、2015/2016 赛季、2016/2017 赛季
- 欧洲超级杯冠军：2014 年、2016 年
- 世俱杯冠军：2014 年

皇马替补阵容
替补前锋 / **11** 号

贝尔
齐天大圣

1989 年出生在威尔士加的夫的贝尔，是南安普敦青训营的又一位杰出代表人物，他曾在 2005/2006 赛季中以 16 岁零 275 天的年龄成为代表南安普敦出场第二年轻的球员。一年之后，贝尔加盟托特纳姆热刺，并在那里度过了至关重要的六年成长时光。在 2013 年的夏季转会市场上，贝尔以 9100 万欧元的身价加盟皇家马德里，与 C 罗、本泽马共同组成了享誉欧陆的“BBC”组合。

可惜的是在高光了几个赛季后，贝尔由于伤病增多慢慢淡出了皇马的主力阵容，2016/2017 赛季他在西甲联赛中仅有 19 次出场、7 个进球和 1 次助攻，错过了很多重要的比赛，而且从目前齐达内心中的排序来看，贝尔的位置也在伊斯科之后。于是，就有了“英伦三岛盼他回归”“曼联报价贝尔”等说法，只不过他高达 5 亿欧元的违约金，以及 1700 万欧元的年薪有几家俱乐部敢承担、能承担？倘若留在伯纳乌的话，即便是“二当家”“三当家”又如何？年事已高的 C 罗迟早会让贤，那时候，想当“大哥”的人就要靠自己的本事说话了。别看按照目前的座次，贝尔位于伊斯科之后，可是未来的皇马在 C 罗必须进行轮休时，除了贝尔外，谁还能成为不可或缺的人物呢？

想想贝尔曾经的强行超车、疾走如飞的表现或许只有腾云驾雾的“孙大圣”才能做到。那么所有人到时候还不是唯贝尔马首是瞻？而这种享受着伯纳乌数万人的欢呼与期待，尽全力去争夺每一项锦标的感受，又怎不会是一种黄袍加身、王者降临的体验？

■个人档案
●中文名：阿尔瓦罗·莫拉塔
●外文名：Álvaro Morata
●国籍：西班牙●出生地：马德里
●出生日期：1992 年 10 月 23 日
●身高：190cm ●体重：85kg
●场上位置：前锋

■个人荣誉
● U-19 欧洲锦标赛金靴奖：2011 年
● U-21 欧洲锦标赛金靴奖：2013 年

■俱乐部荣誉
●西甲联赛冠军：2011/2012 赛季、2016/2017 赛季
●国王杯冠军：2011/2012 赛季、2013/2014 赛季
●欧洲冠军联赛冠军：2013/2014 赛季、2016/2017 赛季
●欧洲超级杯冠军：2016 年
●世俱杯冠军：2016 年
●意甲联赛冠军：2014/2015 赛季、2015/2016 赛季
●意大利杯冠军：2014/2015 赛季、2015/2016 赛季
●意大利超级杯冠军：2015 年

■国家队荣誉
● U-21 欧洲锦标赛冠军：2011 年
● U-19 欧洲锦标赛冠军：2013 年

皇马替补阵容
替补前锋 / **21** 号

莫拉塔
小劳尔

土生土长的马德里人莫拉塔出生于 1992 年，然而遗憾的是他的职业生涯并非是在皇马青训营中开始的。早年他一度辗转于马德里竞技青年队和赫塔菲青年队，直到 2008 年时，皇马才从赫塔菲签下了他。之后莫拉塔在皇马的各级别球队中都有过亮相，2010 年穆里尼奥执教皇马时期，莫拉塔终于遇到了自己人生中的伯乐，从众多青年才俊中脱颖而出，步入皇马一线队。

当时莫拉塔一度跟随皇马前往美国训练，并在与墨西哥美洲、洛杉矶银河的比赛中，获得了出场的机会。2010/2011 赛季，莫拉塔先被提拔到皇马 B 队锻炼，又因为伊瓜因的受伤，在 2010 年 12 月升入一线队。2010 年 12 月 12 日，18 岁零 82 天的莫拉塔迎来了自己在西甲联赛中的处子秀。2011/2012 赛季，莫拉塔获得的机会有限，只代表皇马出场了 1 次，没有进球。2012/2013 赛季，莫拉塔出场 12 次，收获 2 粒进球。随后，由于赫塞的到来，莫拉塔感受到了竞争的压力，但他依然在 23 次出场中，打进 8 球，并随队获得了欧冠冠军。然而为了获得稳定的出场时间，那个赛季结束后，他决定离开马德里，远赴都灵。

作为一名射手，莫拉塔在效力尤文图斯期间的表现同样出色，首个赛季 8 球、5 次助攻，第二个赛季 7 球、2 次助攻，在帮助尤文图斯蝉联意甲和意大利杯冠军的同时，还迫使皇马不得不启动回购条款将他带回伯纳乌。

2016/2017 赛季莫拉塔迎来了职业生涯新的高度，26 次西甲联赛出场，打进 15 球、1 次助攻；9 次欧冠联赛出场，打进 3 球、1 次助攻，是皇马成为西甲、欧冠"双冠王"的绝对功臣。更可怕的是在总计 35 次出场中，莫拉塔不过首发了 15 次，效率之高令人惊艳！

尽管现在与他联系在一起的豪门不少，可是皇马又怎会轻易放走这位如此出色的、天赋出众的射手呢？

个人档案

- 中文名：哈梅斯·罗德里格斯
- 外文名：James Rodríguez
- 国籍：哥伦比亚 ●出生地：亚库库塔
- 出生日期：1991 年 7 月 12 日
- 身高：180cm ●体重：75kg
- 场上位置：前腰

个人荣誉

- 世界杯金靴奖：2014 年
- 葡超年度最佳球员奖：2012 年

俱乐部荣誉

- 西甲联赛冠军：2016/2017 赛季
- 欧洲冠军联赛冠军：2015/2016 赛季、2016/2017 赛季
- 欧洲超级杯冠军：2014 年、2016 年
- 世俱杯冠军：2014 年、2016 年
- 欧联杯冠军：2010/2011 赛季
- 葡超级联赛冠军：2010/2011 赛季、2011/2012 赛季、2012/2013 赛季
- 葡萄牙杯冠军：2010/2011 赛季、
- 葡萄牙超级杯冠军：2010 年、2011 年、2012 年
- 阿根廷联赛冠军：2009 年
- 哥伦比亚乙级联赛冠军：2007 年

国家队荣誉

- 美洲杯季军：2016 年

皇马替补阵容
替补中场 / 10 号

罗德里格斯

影武杀手

1991 年出生于哥伦比亚库库塔的 J 罗，职业生涯始于哥伦比亚的恩维加多俱乐部，因为在哥伦比亚联赛中表现优异，2008 年 J 罗被阿根廷劲旅班菲尔德看中，从而得到了登陆潘帕斯草原的机会。接下来，还不满 20 岁的 J 罗先成为阿根廷联赛历史上最年轻的外籍登场球员，随后又成为最年轻的外籍进球球员，而且还帮助班菲尔德获得了俱乐部历史上的第一座阿根廷联赛冠军奖杯。

2010 年 2 月 13 日，在班菲尔德主场对阵死敌拉努斯的比赛中，罗德里格斯最后时刻左脚吊射帮助球队锁定胜局。赛后阿根廷《奥莱报》将 18 岁的罗德里格斯与葡萄牙球星 C 罗相提并论，并称他是班菲尔德的"詹姆斯·邦德"。为此，来自于亚平宁的乌迪内斯，来自于伊比利亚半岛的波尔图先后对他提出了报价，最终他选择了波尔图，并在葡超联赛中一举成名。2013 年夏天，J 罗以 4500 万欧元的身价加盟法甲劲旅摩纳哥，一年之后，他又携世界杯金靴奖来到皇马。

尽管来到皇马的首个赛季 J 罗表现惊艳，拿下了 13 粒进球和 13 次助攻的数据，可是随着齐达内的上任，这位哥伦比亚红星获得的机会却越来越少，2016/2017 赛季他只得到了 22 次西甲登场的机会，仅贡献了 8 粒进球和 2 次助攻。在欧冠的征程中，J 罗也只有 6 次亮相，没有进球，只有 2 次助攻，更令人担忧的是，在与伊斯科的位置竞争中，他已经处于了绝对的劣势。

或许对于 J 罗来说，继续留队的决定是不明智的，他的未来注定不属于伯纳乌。

皇马替补阵容
替补中场 / 16 号

科瓦西奇
科娃

1994 年出生在奥地利林茨的科瓦西奇，是克罗地亚足坛近年来涌现出的又一位超新星。早年在效力于家乡的林茨俱乐部期间，13 岁的科瓦西奇就得到了许多欧陆豪门的关注，而为了得到这位神童，拜仁慕尼黑、尤文图斯和阿贾克斯纷纷向科瓦西奇的家人开出了优厚的条件，斯图加特甚至还为他的父亲提供了一份在奔驰公司的高薪工作。

不过由于科瓦西奇更希望为他从小就深爱的萨格勒布迪纳摩效力，所以他与他的家人最终来到了萨格勒布。在效力萨格勒布迪纳摩期间，科瓦西奇不出意外地成为克罗地亚顶级联赛历史上最年轻的上场球员、进球者，以及最年轻的队长，而且他还被频频拿来与克罗地亚名宿普罗辛内斯基相提并论。

2012 年，国际米兰以1500万欧元的价格得到了前途无量的科瓦西奇，可惜的是人无完人，尽管科瓦西奇的身高达到了 1.78 米，但身体对抗依然是他的弱项。为此，之后的两个赛季虽然他都作为队中主力出战，可是实际效果却并不是太理想，一来是因为太年轻，还不够成熟；二来是因为科瓦西奇缺少一位给他领路的“带头大哥”。

2015 年 8 月 18 日，急需补充中场板凳深度的皇马以 3500 万欧元的价格将他从梅阿查带到了马德里。首个赛季，初来乍到的科瓦西奇并没有获得太多的机会，只是作为轮换队员在无关痛痒的一些赛事中出场。

如今随着齐达内对他越来越信任，且对他给寄予厚望，再加上跟在莫德里奇的身边一直学习，我们有理由相信已经拿到了 6 次欧冠上阵机会的科瓦西奇，还有他未来的皇马生涯，正朝着光明的正轨发展，有朝一日或许他也会成为又一个莫德里奇。

个人档案
- 中文名：马特奥 · 科瓦西奇
- 外文名：Mateo Kovačić
- 国籍：克罗地亚 ●出生地：奥地利林茨
- 出生日期：1994 年 5 月 6 日
- 身高：178cm ●体重：75kg
- 场上位置：后腰

个人荣誉
- 克罗地亚年度希望之星：2011 年

俱乐部荣誉
- 西甲联赛冠军：2016/2017 赛季
- 欧洲冠军联赛冠军：2015/2016 赛季、2016/2017 赛季
- 欧洲超级杯冠军：2016 年
- 世俱杯冠军：2016 年
- 克罗地亚联赛冠军：2010/2011 赛季、2011/2012 赛季
- 克罗地亚杯冠军：2010/2011 赛季、2011/2012 赛季

个人档案
- 中文名：马尔科·阿森西奥
- 外文名：Marco Asensio
- 国籍：西班牙 ● 出生地：帕尔玛
- 出生日期：1996 年 1 月 21 日
- 身高：180cm ● 体重：75kg
- 场上位置：左边锋

个人荣誉
- U-19 欧洲锦标赛金球奖：2015 年

俱乐部荣誉
- 西甲联赛冠军：2016/2017 赛季
- 欧洲冠军联赛冠军：2016/2017 赛季
- 欧洲超级杯冠军：2016 年
- 世俱杯冠军：2016 年

国家队荣誉
- U-19 欧洲锦标赛冠军：2015 年

皇马替补阵容
替补中场 / 20号

阿森西奥
伯纳乌新宠

1996 年出生在西班牙帕尔马的阿森西奥，早年出道于马洛卡俱乐部，他曾在还不满 20 岁时就被紧急调往马洛卡的一线队，并且顺理成章地成为马洛卡一线队的主力。在 2013/2014 赛季的西乙联赛中，阿森西奥总共代表马洛卡出战了 20 场西乙联赛，还打进了 1 粒进球。

于是，在对他进行了许久的观察后，皇马在 2014 年的冬天忍不住出手了，他们花费了 390 万欧元，与阿森西奥签下了一份长达 6 年的合约。2016/2017 赛季，阿森西奥以租借的身份前往西班牙人效力，他在那里完成了自己的西甲处子秀，整个赛季下来他出场 34 次，打进 4 球，还有 7 次助攻，不仅成为西班牙人队内的助攻王，还让皇马早早就把他列入了 2017/2018 赛季的计划之中。

2016 年 8 月 10 日，在皇马对阵塞维利亚的欧洲超级杯中，阿森西奥在比赛的第 22 分钟破门，帮助皇马赢得欧洲超级杯。同年 8 月 22 日，迎来西甲首秀的他又在与皇家社会的比赛中取得了进球。同年 10 月 19 日，在皇马 5 比 1 战胜华沙莱吉亚的欧冠联赛中，阿森西奥在迎来自己欧冠首秀的同时，还取得进球，完美延续了自己首秀必破门的定律。那一战之后，20 岁 271 天的阿森西奥成为皇马历史上在欧冠进球第六年轻的球员，同时也成为了 2016/2017 赛季首位在三项赛事取得进球的皇马球员。

在 2016/2017 赛季欧冠决赛对阵尤文图斯的比赛中，阿森西奥在比赛的第 83 分钟替补上场，并在第 90 分钟完成破门，帮助皇马以 4 比 1 的比分顺利捧杯。此役过后，他已经是皇马历史上在欧冠决赛中最年轻的进球队员，但是未来的阿森西奥肯定更加不可限量！

皇马替补阵容
替补后卫/**6**号

费尔南德斯
万金油

纳乔出生在西班牙首都马德里，他从小就有成为一名职业球员的梦想，而且早在他11岁那年，他就顺利成为皇马青训营的一员，与很多和他怀有共同梦想的少年们一起训练、一起进步。

2009年，经过了长达8年的磨炼和成长后，纳乔终于进入了皇马B队；2011年4月23日，纳乔首次代表皇马一线队在西甲赛场上亮相；2013年7月，纳乔正式进入皇家马德里一线队。可能与很多天赋异禀，早早就被视为“天才”“希望”的孩子比起来，纳乔的成长并没有发生什么太惊人的事件，他只是在一步一个脚印地前进，只是简简单单地从一名年轻球员成长为一名常规轮换球员。所以直到今天依然有很多球迷对他和他过往的经历挺陌生，但这并不妨碍纳乔如今已经渐渐在皇马一线队中站稳了脚跟。

作为一名中后场“万金油”，纳乔几乎可以胜任中后场的所有位置，当然一直以来有种说法认为，“纳乔就是由于太全能，所以不具备突出的特点，无法成为主力”。不过在1/4决赛与拜仁慕尼黑的两场对决中，纳乔的表现还是可圈可点，在中后卫这个关键位置上，一次次不留余力地和“波兰神锋”莱万多夫斯基对抗。

没错，或许与以进攻能力著称的卡瓦哈尔、马塞洛比起来，纳乔拥有的也仅仅只是速度而已，并没有他们二人身上那种进攻的策划、创造能力。但是一个低调、朴实的纳乔，一个对自己定义准确的纳乔，一个不与别人抢风头、只知道勤恳付出的纳乔，无疑是所有教练眼中的一块瑰宝。

个人档案
- 中文名：纳乔·费尔南德斯
- 外文名：Nacho Fernández
- 国籍：西班牙 ● 出生地：马德里
- 出生日期：1990年1月18日
- 身高：179cm ● 体重：75kg
- 场上位置：中后卫、右后卫、左后卫

俱乐部荣誉
- 西甲联赛冠军：2016/2017赛季
- 国王杯冠军：2013/2014赛季
- 欧洲冠军联赛冠军：2013/2014赛季、2015/2016赛季、2016/2017赛季
- 欧洲超级杯冠军：2014年、2016年
- 世俱杯冠军：2014年、2016年
- 西班牙超级杯冠军：2012年

国家队荣誉
- U-17欧洲锦标赛冠军：2007年
- U-21欧洲锦标赛冠军：2011年

个人档案

- 中文名：基科·卡西利亚
- 外文名：Francisco Casilla
- 国籍：西班牙 ● 出生地：加泰罗尼亚
- 出生日期：1986 年 10 月 2 日
- 身高：191cm ● 体重：84kg
- 场上位置：门将

俱乐部荣誉

- 西甲联赛冠军：2016/2017 赛季
- 欧洲冠军联赛冠军：2015/2016 赛季、2016/2017 赛季
- 欧洲超级杯冠军：2016 年
- 世俱杯冠军：2016 年

皇马替补阵容

替补中场 / **13** 号

卡西利亚

圆梦者

1986 年出生在西班牙加泰罗尼亚地区的卡西利亚，其实并没有与巴塞罗那当地著名的拉玛西亚青训营产生过关联，反而他是在马德里的皇马青训营中开始了自己的职业生涯。2004 年，18 岁的卡西利亚成为皇马青年队的一员，之后他还代表卡斯蒂亚（皇马 B 队）出征过西乙联赛。

然而遗憾的是身材高大的他一直以来都不被人看好，而且他也没有在有限的出场时间里展现出过人的本领，所以为了延续自己的足球梦想和职业生涯，卡西利亚不得不做出了离开的决定。2007 年，卡西利亚自由转会到西班牙人，在无法代表皇马一线队对抗毕生宿敌之际，他选择了皇马宿敌的同城死敌，可能是他始终坚信“敌人的敌人就是朋友”这一理念的缘故，才使他有了在埃尔普拉特球场上尽全力阻击巴塞罗那的想法和勇气。

接下来，经过了两个赛季的租借生涯后，重回西班牙人的卡西利亚抓住了阿尔瓦雷斯受伤的机会，一举成为西班牙人的首发门将，并且通过先后四个赛季的稳定发挥赢得了皇马的青睐。2015 年夏天，急于寻找门将的皇马，以 600 万欧元的价格将卡西利亚带回了马德里，这位从小就梦想为皇马上阵的球员，此刻终于圆梦了。

尽管他只是作为皇马的替补门将，在凯洛尔·纳瓦斯轮休时才能获得出场机会，可是就如同在皇马主场 2 比 1 战胜里斯本竞技的比赛中一样，站在球门前的一刻，对于卡西利亚个人来说，已经是他职业生涯中最高光的时刻了。

Emirates
RMCF

十二王庭

皇马欧冠十二冠荣耀札记

■文：张学民

NO 1

皇马欧冠十二冠荣耀札记

加冕首冠 1955/1956

EUROPEAN CHAMPION CLUBS' CUP

随着欧洲足球整体水平的不断提高，20世纪50年代初一位法国著名记者加布里埃尔·哈诺特提出了创建一个由欧洲各国冠军球队参加的赛事的提议。这项提议得到了他的同事雅克盖斯·费兰的支持，二人携手制订了赛事规则后将其上交给欧洲足球联盟（UEFA）。这一设想得到了法国报纸*L' Equipe*高层的热烈响应，他们最终将这一赛事变为现实。自此，欧洲乃至世界最惹人注目的杯赛诞生了。

在经历了西班牙国内战争的动荡后，皇马迎来了最伟大的主席圣地亚哥·伯纳乌。从此，新历史的篇章大幕拉起。20世纪50年代，伯纳乌用重金引进亨托、迪·斯蒂法诺和普斯卡什，组成了名震欧洲的恐怖组合。而锋线绝对主力迪·斯蒂法诺更是被后人称为贝利和马拉多纳之前最伟大的足球运动员，在他的带领下，皇马迎来了俱乐部历史上的第一个"黄金时期"。

1955年9月，这项赛事正式诞生。参赛的16支队伍包括了7个国家的联赛冠军队伍：安德莱赫特、奥胡斯、杜尤花园、AC米兰、皇家马德里、兰斯和维斯艾森。

在首轮比赛中，皇马两回合7比0狂扫塞维特队晋级。他们在1/4决赛中的对手是贝尔格莱德游击队，后者在与里斯本竞技的序幕战中打进6球。双方首回合比赛于圣诞节当天在马德里举行，但贝尔格莱德游击队却无法享受节日带来的欢乐喜气，因为他们以0比4惨败于皇马脚下。尽管皇马在次回合比赛中0比3告负，但他们仍然顺利晋级，与AC米兰会师半决赛。

半决赛首回合较量在查马丁球场进行，皇马凭借斯蒂法诺最后时刻的进球以4比2取胜。最终，西班牙冠军以两回合总比分5比4晋级。

皇马决赛的对手是兰斯队，他们在半决赛中淘汰了苏格兰劲旅希伯尼队。1956年6月13日，在法国巴黎王子公园球场，占据主场优势的兰斯队在比赛开始后迅速取得2比0的领先，随后又凭借米歇尔·伊达尔戈的进球，将比分改写为3比2。

皇马在状态正佳的中锋斯蒂法诺、边锋帕科·亨托与前锋埃克托·里亚尔的带领下，展开了绝地反击。曼努埃尔·马基托斯为皇马将比分扳平，里亚尔随后打进了本场比赛第7粒入球。最终，皇马在这场惊心动魄的比赛中以4比3逆转取胜，夺得了俱乐部历史上的第一座欧冠冠军奖杯，"白衣军团"也成为了欧冠联赛创办以来的第一支冠军球队。

1955/1956 赛季皇马欧冠数据

	对阵球队	比分	
1/8 决赛	塞维特	0 比 2（客场）	5 比 0（主场）
1/4 决赛	贝尔格莱德游击	4 比 0（主场）	0 比 3（客场）
半决赛	AC 米兰	4 比 2（主场）	2 比 1（客场）
决赛	兰斯	4 比 3	

●注：所有比分均为主队在前

1955/1956 赛季欧冠决赛皇马进球球员

迪·斯蒂法诺 1 球 / 埃克托·里亚尔 2 球 / 马基托斯 1 球

1955/1956 赛季欧冠皇马最佳射手

迪·斯蒂法诺 5 球 / 埃克托·里亚尔 5 球

NO 2

皇马欧冠十二冠荣耀札记

主场卫冕 1956/1957

EUROPEAN CHAMPION CLUBS' CUP

1956/1957 赛季，皇马第一次踏上了卫冕之路。他们在第一轮淘汰赛上同维也纳快速队进行了激烈争夺，两队通过附加赛才分出胜负。此后在 1/4 决赛，“白衣军团”以两回合 6 比 2 的总比分轻松过关。

与曼联的半决赛两回合交手堪称经典。首回合在伯纳乌，“巴斯比男孩”们以传统的英式顽强防守竭尽全力地抵挡着欧洲大陆足球的进攻。埃迪·科尔曼如影如随地对迪·斯蒂法诺盯防，一度令“欧洲球王”罕见地对杰克·布兰切弗劳尔进行大动作的滑铲。

比赛已经过去了整整一个小时。只见亨托送上一记标志性的长传助攻准确地找到了阿根廷前锋里亚尔，阿根廷人门前冲顶破门。顿时，伯纳乌陷入了疯狂挥舞的白手帕海洋。

接下来，轮到迪·斯蒂法诺。科尔曼毕竟只是个凡人而已，他无法阻止神一般的迪·斯蒂法诺最终摆脱自己的束缚，迈着轻巧的舞步连续晃过 3 名曼联后卫将皮球精准地送进雷·伍德把守的大门。

“红魔”强力中锋汤米·泰勒在狂热的主队球迷嘘声中为曼联打破了客队的僵局。不过，随后亨托、里亚尔和恩里克·马特奥斯联手将最后的比分定格为 3 比 1。场边上的曼联替补队员博比·查尔顿赛后惊呼道：“我们从来没见过这样激烈的足球比赛。”

半决赛的第二回合在一个雨季的英格兰夜晚进行，回到主场的“红魔”迅速进入到熟悉的进攻状态当中。但又是迪·斯蒂法诺用他魔幻的脚后跟传球助攻科帕取得了领先。5 分钟后，亨托和里亚尔完成了同样的配合。

两个客场进球几乎提前宣布了比赛的结束，总比分 5 比 3，皇马晋级决赛。不过，这支“巴斯比男孩”给迪·斯蒂法诺留下了深刻印象。“金箭头”后来回忆道：“他们拥有众多的出色球员，也是我们在欧洲赛场上遇到过的最强对手之一。这实在是太不幸了，我们的副主席萨波尔塔在电话里告诉我在慕尼黑发生的那起灾难。没有什么比能拥有一个完整的职业生涯更重要的东西了。”

1957 年 5 月 28 日，决赛在圣地亚哥伯纳乌球场进行，佛罗伦萨在比赛中一直顽强防守到下半时中段，最终斯蒂法诺点球命中将僵局打破。6 分钟后，亨托的进球帮助球队锁定胜局，“白衣军团”再次登上欧洲之巅。

1956/1957 赛季皇马欧冠数据		
	对阵球队	比分
1/8 决赛	维也纳快速	4 比 2（主场） 3 比 1（客场）
	[1/8 决赛重赛：2 比 0（主场）]	
1/4 决赛	尼斯	3 比 0（主场） 2 比 3（客场）
半决赛	曼联	3 比 1（主场） 2 比 2（客场）
决赛	佛罗伦萨	2 比 0

1956/1957 赛季欧冠决赛皇马进球球员
迪·斯蒂法诺 1 球 / 弗朗西斯科·亨托 1 球
1956/1957 赛季欧冠皇马最佳射手
迪·斯蒂法诺 7 球

NO 3

皇马欧冠十二冠荣耀札记

加时制胜 1957/1958

EUROPEAN CHAMPION CLUBS' CUP

1958年，皇家马德里引进了普斯卡什，这位有着“飞奔的上校”外号的匈牙利球星与迪·斯蒂法诺组成了现代足球史上最著名的锋线搭配。此外，皇马阵中还有“球场拿破仑”科帕等球星。

这一年的欧冠因为慕尼黑发生的空难而蒙上了一层阴影，曼联享誉欧洲的“巴斯比男孩”成为这场灾难的受害者，有8名球员在空难中死亡，包括当时的英格兰国脚罗杰·拜尔尼、邓肯·爱德华兹和汤米·泰勒。曼联在1/4决赛战胜红星后，飞机补充燃料起飞时不幸发生这起空难。半决赛里，空难后的“红魔”难以恢复往日的雄风，以总比分2比5败在米兰脚下。

相比之下，皇马进军决赛的道路却是一片平坦。皇马作为上届冠军在查马丁球场以6球击败比利时的安特卫普，总比分8比1淘汰对手。随后的1/4决赛，“白衣军团”面对同国对手塞维利亚，这支球队在之前一年的西甲中排在皇马之后，位列第二名。最终，皇马以总比分10比2屠杀了对手。

皇马在半决赛主场的比赛中再次展现了冠军级别的超强实力，以4比0轻取匈牙利劲旅瓦萨斯。不过后者在回到布达佩斯后以2比0获胜还以颜色，“白衣军团”吃到了那年欧冠唯一一场败仗。

1958年5月29日，在布鲁塞尔的海瑟尔球场举行的决赛是当时欧洲足坛最为耀眼的两支球队间的一场重磅对决。为了备战这场比赛，皇马签下来自兰斯的前锋拉伊蒙德·科帕，而“红黑军团”同样补充了自己的阵容，他们引进了南美球员胡安·斯基亚菲诺和恩内斯托·格里洛。

AC米兰在比赛中两次取得领先，而迪·斯蒂法诺和里亚尔两次将比分扳平，并将比赛拖入加时。最终亨托打入制胜球，成为击败AC米兰的英雄，皇马连续第三年举起了欧冠奖杯。

1957/1958 赛季欧冠数据

	对阵球队	比分	
1/8 决赛	安特卫普	1 比 2（客场）	6 比 0（主场）
1/4 决赛	塞维利亚	8 比 0（主场）	2 比 2（客场）
半决赛	瓦萨斯	4 比 0（主场）	2 比 0（客场）
决赛	AC 米兰	3 比 2	

1957/1958 赛季欧冠决赛进球球员

迪·斯蒂法诺1球 / 埃克托·里亚尔1球 / 弗朗西斯科·亨托1球

1957/1958 赛季欧冠队内最佳射手

迪·斯蒂法诺 10 球

NO 4

皇马欧冠十二冠荣耀札记

四度问鼎 1958/1959

EUROPEAN CHAMPION CLUBS' CUP

为了安慰慕尼黑空难后的曼联，欧足联特许他们参加这一年的冠军杯赛（“红魔”并没有获得1957/1958赛季的联赛冠军）。不过，稍显滑稽的是，曼联首战0比2不敌瑞士年青人队后，英足协又不让曼联继续出赛了。而是派出了自称欧洲最牛的英格兰狼队，结果第一轮就被沙尔克04队淘汰。

皇马前两轮分级淘汰了贝西克塔斯和维也纳体育。他们在半决赛的对手是同城死敌马德里竞技，这是马德里德比首次在冠军杯中上演。

首回合皇马主场2比1小胜马竞，次回合马竞主场1比0赢球，由于当时没有客场进球多的晋级规则，因此两队补赛1场，普斯卡什在双方的第三场较量中最终把握住了机会，他的具有决定性意义的入球最终帮助皇马2比1获胜晋级。

这一年的决赛对手，依旧是三年前的老对手兰斯。兰斯当时拥有法国著名射手方丹，1958年世界杯决赛阶段，他一人独进13球。那届杯赛1/4决赛，在面对安德莱赫特的较量中，尽管首回合0比2失利，但是兰斯正是凭借方丹的梅开二度最终以总比分3比2成功晋级。

尽管方丹个人能力出众、射门精准无比，但彼时的皇马整体实力依旧相当强大，“白衣军团”当时的阵容，中前场拥有迪·斯蒂法诺、科帕、普斯卡什、亨托、里亚尔；中后场拥有队长穆尼奥斯、桑塔马利亚等，可以说已经到了独孤求败的地步。

1959年6月3日，欧冠决赛在德国的斯图加特内卡尔体育场举行。当时皇马队中普斯卡什因为腿筋的伤势无法参赛，而科帕又在比赛中早早受伤离场，但是这都无法阻止“白衣军团”前进的脚步。比赛开始后皇马取得完美开局，马特奥斯帮助球队在第2分钟取得领先。下半场第47分钟，迪·斯蒂法诺将比分锁定为2比0。皇马在欧冠决赛中再度击败了兰斯，连续四年站上欧洲之巅。

1958/1959 赛季皇马欧冠数据

	对阵球队	比分	
1/8 决赛	贝西克塔斯	2 比 0（主场）	1 比 1（客场）
1/4 决赛	维也纳体育	0 比 0（客场）	7 比 1（主场）
半决赛	马德里竞技	2 比 1（主场）	1 比 0（客场）
［半决赛重赛：皇马 2 比 1 马竞（中立球场）］			
决赛	兰斯	2 比 0	

1958/1959 赛季欧冠决赛皇马进球球员

恩里克·马特奥斯 1 球 / 迪·斯蒂法诺 1 球

1958/1959 赛季欧冠皇马最佳射手

迪·斯蒂法诺 6 球

NO 5

皇马欧冠十二冠荣耀札记

五冠封神 1959/1960

EUROPEAN CHAMPION CLUBS' CUP

说起“白衣军团”20世纪50年代的欧冠五连冠神话，就不得不提及一个名字，他就是西班牙足坛的传奇人物穆尼奥斯。作为球员，他为皇家马德里赢得了前三届冠军杯王冠。作为教练，他是球队历史上最具传奇色彩的主帅。

1958年，穆尼奥斯退役，开始执教皇马二队，1960年升任皇马一队主教练。由于在皇马队效力十年，穆尼奥斯对球队十分了解，他为球队量身制订的战术打法，也正合队员的胃口，同年他率队杀进欧冠决赛，并导演了冠军杯历史上最经典的一场决赛。

时光如梭，欧洲冠军杯转眼来到了第五个年头，皇马丝毫没有让奖杯挪动地方的意思。“白衣军团”踩在埃斯克年青人和尼斯的“尸体”上一路闯进半决赛。他们的对手是当年的西甲冠军巴塞罗那，这是两支球队在欧冠赛场上首次碰面。

当时的巴萨主帅是赫雷尼奥·赫雷拉，他们在进攻线上拥有当时非常火热的匈牙利球员茨博尔、科西斯和库巴拉，加泰罗尼亚球队先是以7比1的总比分轻松淘汰AC米兰后，在8强战中遭遇狼队，结果他们在诺坎普4比0获胜，客场又以5比2轻取对手，晋级半决赛。

首回合主场迎战巴萨时，皇马3比1获胜，延续了自己在主场的完美纪录，进球的功臣分别是迪·斯蒂法诺和普斯卡什。而次回合在加泰罗尼亚，他们又以同样的比分在巴萨的伤口上撒了一把盐。

1960年5月18日，这是冠军杯历史上最伟大的日子之一，13.5万名球迷涌入汉普登公园球场，亲眼见证了皇马欧冠五连冠的巅峰时刻，而法兰克福则不幸成为这一伟大时刻的配角。

这场比赛中，皇马派出了斯迪法诺、亨托和普斯卡什组成的、让人目眩的锋线组合。这也是两年前就加盟皇马的普斯卡什第一次出现在冠军杯决赛赛场上。谁也不会想到，匈牙利巨星的第一次冠军杯决赛演出，会是如此完美。

决战成了两位球王的射门秀，九分钟内上演“帽子戏法”的匈牙利左撇子普斯卡什最后独中四元，“阿根廷猎枪”迪·斯蒂法诺也上演了“帽子戏法”，7比3的比分也创造了欧冠决赛历史上最大比分。两队美轮美奂的攻势足球大碰撞让在场球迷如痴如醉，终场哨响时全场13万观众集体起立为双方鼓掌。

至此，“白衣军团”完成了震古烁今的五连冠神迹。当时在场的球迷回忆道：“那是一个魔幻般的足球夜晚，至今为止仍然无法超越。现在回看当时的录像，你仍然会激动得起立鼓掌。”

1959/1960 赛季皇马欧冠数据			
	对阵球队	比分	
1/8 决赛	埃斯克年青人	7比0（主场）	2比5（客场）
1/4 决赛	尼斯	3比2（客场）	4比0（主场）
半决赛	巴萨	3比1（主场）	1比3（客场）
决赛	法兰克福	7比3	

1959/1960 赛季欧冠决赛皇马进球球员

迪·斯蒂法诺3球/费伦茨·普斯卡什4球

1959/1960 赛季欧冠皇马最佳射手

费伦茨·普斯卡什12球

NO 6

皇马欧冠十二冠荣耀札记

王朝绝唱 1965/1966

EUROPEAN CHAMPION CLUBS' CUP

物极必反，五连冠称霸欧洲之后皇马不可避免地出现了衰落。随着迪·斯蒂法诺、普斯卡什、里亚尔们的老去，科帕的离开，皇马在队史最伟大教练穆尼奥斯的重组下，依靠老将们的余热，阿曼西奥、皮里、贝坦科特、佐科、格罗索、德尔索尔新人们的发挥，拿下了第一个西甲五连冠。

不过，在更高级别的欧冠赛场上，皇马却失去了往日的统治力。20世纪60年代，皇马三次进入欧冠决赛，1962年，他们输给了黑豹尤西比奥领衔的本菲卡，1964年，意大利链式防守理念开始兴起，皇马在那一年的欧冠决赛中输给了拥有苏亚雷斯、马佐拉、法切蒂等一众贤才的国际米兰。

1966年，皇家马德里开始复苏，此时迪·斯蒂法诺已经离队，年事已高的普斯卡什也坐到了替补席上，亨托带领索科、皮里、阿曼西奥等新星打出一片新天地。

第一轮淘汰赛皇马碰到了欧冠的老朋友费耶诺德。普斯卡什连入四球完成了欧冠绝唱，皇马报了首回合在鹿特丹0比1失利之仇，以5比1的总比分晋级。随后他们淘汰了基尔马诺克和安德莱赫特，于半决赛遇到上届冠军国际米兰。佩里的球队主场1比0取胜，次回合1比1战平，国米三连冠的梦想破碎。

另外一场经典的比赛出现在里斯本。四分之一决赛拥有天才乔治·贝斯特的曼联5比1横扫本菲卡，终结了里斯本球队主场全胜的纪录，双方在老特拉福德的比分为3比2。但曼联在半决赛中1比2不敌贝尔格莱德游击，后者成为欧冠历史上第一支闯入决赛的东欧球队。

1966年5月11日，皇马又在欧洲赛场夺回了失去6年的荣誉。在布鲁塞尔的夜色中，皇马在一球落后的情况下，凭借阿马罗和塞雷纳的入球制服了贝尔格莱德游击者队，第六次站上欧洲之巅。那届决赛结束之后，皇马队长亨托也成为欧冠捧杯次数最多的球员，这一纪录至今无人能破。

这是统治欧洲足坛十余年的王者之师的谢幕演出，没有比这更好的结局了。1967年，40岁高龄的普斯卡什宣布退役，整个伯纳乌球场用掌声告别这位“飞奔的少校”；1972年，戴着冠军杯六冠王光环的亨托解甲归田，远离绿茵场；1974年，穆尼奥斯在为球队奋斗了25年后也不得不承认时间的无情，递交了辞呈；1978年，为俱乐部奉献了67年心血的老主席圣地亚哥·伯纳乌因为癌症而撒手人寰。

皇马在欧冠赛场上也陷入了长久的沉寂，他们在煎熬中等待着第七座欧冠奖杯，这一等就是32年。

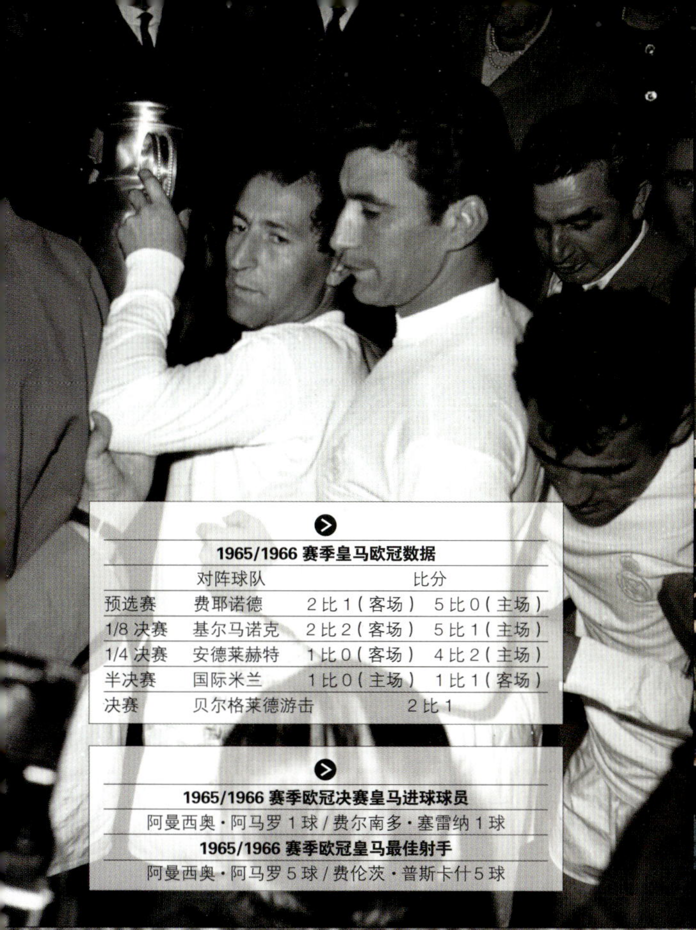

1965/1966 赛季皇马欧冠数据

	对阵球队	比分	
预选赛	费耶诺德	2 比 1（客场）	5 比 0（主场）
1/8 决赛	基尔马诺克	2 比 2（客场）	5 比 1（主场）
1/4 决赛	安德莱赫特	1 比 0（客场）	4 比 2（主场）
半决赛	国际米兰	1 比 0（主场）	1 比 1（客场）
决赛	贝尔格莱德游击	2 比 1	

1965/1966 赛季欧冠决赛皇马进球球员
阿曼西奥·阿马罗 1 球 / 费尔南多·塞雷纳 1 球
1965/1966 赛季欧冠皇马最佳射手
阿曼西奥·阿马罗 5 球 / 费伦茨·普斯卡什 5 球

NO 7

皇马欧冠十二冠荣耀札记

再临峰巅 1997/1998

UEFA Champions League

1996年夏天，“梦之队”的指挥卡佩罗驾临马德里后，皇马全面复兴的大战终于打响。俱乐部一口气引进了帕努奇、西多夫、罗伯特·卡洛斯、伊尔格纳、米贾托维奇等一干名将，1997年球队则迎来了卡伦布和莫伦特斯，人们感觉到了一支沉睡中的雄狮将要苏醒。

1997/1998赛季，虽然卡佩罗的离去使皇马在国内略显颓势，但在欧洲赛场，他们一路高歌。小组赛身处D组的皇马面对罗森博格、奥林匹亚科斯和波尔图的挑战，以4胜1平1负的战绩成功突围，在淘汰勒沃库森晋级半决赛后，他们的对手是另一支德甲球队多特蒙德。

上届冠军并没有给皇马构成任何威胁，首回合在伯纳乌，莫伦特斯和卡伦布的进球最终帮助皇马2比0击败对手，由于客场与对手互交白卷，皇马顺利晋级决赛。

1998年5月20日，在阿姆斯特丹大球场，皇马和尤文图斯在欧冠决赛中狭路相逢。当时的“斑马军团”如日中天，人员方面，锋线上的皮耶罗和因扎吉皆处于各自的巅峰状态，齐达内和戴维斯坐镇中场，后场则是费拉拉、尤利亚诺、佩索托等组成意甲冠军级防线。

“老妇人”在里皮的带领下连续三个赛季杀进欧冠决赛。其中1995/1996赛季击败阿贾克斯在欧冠中折桂，1996/1997赛季决赛惜败多特蒙德。

皇马当时正处于一个相对的低谷。他们在国王杯被第三级别联赛球队淘汰，联赛里最终排名第四，因此他们急需击败尤文夺得欧冠证明自己。显然，皇马并不被外界看好。“我们都

很忐忑，我必须承认，因为那年我们在联赛里发挥得不好。”皇马前锋米贾托维奇承认。

在阿姆斯特丹竞技场48000名观众的注视下，比赛的进程印证了人们赛前的预测。近几年在欧洲赛场上称霸的尤文图斯显然更适应大场面，齐达内、戴维斯、因扎吉等人连番威胁伊尔格纳把守的城门，皇马则只有零星的反击。

不过正是因为海因克斯的这种稳守反击的思路为他们带来了进球，下半场比赛进行到第21分钟，罗伯特·卡洛斯的大力抽射打在尤文后卫的腿上发生折射，米贾托维奇及时跟进，过掉佩鲁济打空门得手。之后，戴维斯获得过扳平比分的绝佳机会，但他的射门被伊尔格纳没收。

最终，皇马将领先优势保持到了终场，时隔32年再度捧起了大耳朵杯，里皮的“斑马军团”则只能接受又一次决赛失利的落寞。

队长小桑奇斯重新举起那座欧洲最沉重的奖杯，而这一刻，皇马已经期盼了32年。半年之后的世俱杯决赛，劳尔的灵光一现使皇马又重新成为世界之王，“白衣军团”重回云端。

1997/1998 赛季皇马欧冠数据

	对阵球队	比分	
小组赛	罗森博格	4 比 1（主场）	2 比 0（客场）
小组赛	波尔图	0 比 2（客场）	4 比 0（主场）
小组赛	奥林匹亚克斯	5 比 1（主场）	0 比 0（客场）
1/4 决赛	勒沃库森	1 比 1（客场）	3 比 0（主场）
半决赛	多特蒙德	2 比 0（主场）	0 比 0（客场）
决赛	尤文图斯	1 比 0	

1997/1998 赛季欧冠决赛皇马进球球员

普雷德拉格·米贾托维奇 1 球

1997/1998 赛季欧冠皇马最佳射手

达沃·苏克 4 球 / 费尔南多·莫伦特斯 4 球

NO 8

皇马欧冠十二冠荣耀札记

世纪之耀 1999/2000

UEFA Champions League

1999/2000 赛季，皇马开局十分糟糕，11 轮联赛过后仅排名积分榜的第 8 位，主帅托沙克不顾主席桑斯的警告，公开批评队员和俱乐部。

更让主席先生无法忍受的是托沙克的强硬态度，威尔士人不愿意收回自己的批评，“每个了解我的人都知道，我的话都经过深思熟虑而且事出有因，作为教练，我有评论的权利，我不能容忍这种权利被剥夺，否则我将一无所有，要想改变我的脾气，比让一只猪飞翔在伯纳乌球场上还要难。”

最终，桑斯的忍耐到了极限。两天后，皇家马德里俱乐部举行新闻发布会，宣布解除托沙克的教练职务。曾经效力于皇马的德尔·博斯克被任命为临时教练，负责球队的训练，直至球队找到合适的人选。西班牙媒体看好的继任者包括克鲁伊夫、卡佩罗、安蒂奇和巴尔达诺。

谁也没有想到，这位“救火教练”半年后却创造了奇迹。

1999/2000 赛季的欧冠联赛，皇马的晋级之路并不平坦。第二阶段小组赛 6 战 3 胜 1 平 2 负，面对德甲班霸拜仁的两场比赛，主场 2 比 4、客场 1 比 4，两回合 3 比 8 的总比分让“银河战舰”颜面尽失。

1/4 决赛面对前一个赛季的三冠王曼联，首回合在伯纳乌 0 比 0。做客老特拉福德，皇马在比赛中一度 3 比 0 领先，但擅长创造奇迹的“红魔”紧追不舍，连扳两球差点上演奇迹。

此役雷东多留下了脚后跟过人并助攻劳尔得分的欧冠经典瞬间。几年之后回忆起这场比赛，劳尔自己也说：“如果比赛再多个五分钟，我们也许就出局了。”

冥冥之中自有安排，拜仁与皇马在半决赛中再次相遇，这可以说是提前进行的决赛。阿内尔卡成为“白衣军团”的英雄，他在两回合比赛中都

打进关键球，帮助皇马以总比分 3 比 2 昂首晋级决赛。

2000 年 5 月 24 日，欧冠“西班牙德比”在法兰西体育场进行。第 39 分钟，罗伯特·卡洛斯、阿内尔卡、萨尔加多等人在前场打出精妙配合，最终莫伦特斯头球破网，让皇马在上半场 1 比 0 领先“蝙蝠军团”。第 67 分钟，麦克马纳曼依靠经典的剪刀脚射门再度为皇马打进一球，至此，他们已经将主动权牢牢地掌控在自己手中。

两球落后的瓦伦西亚有些着急，他们大举压上进行最后一搏，可惜由于阵型过于靠前，身后留出了大片开阔地带，第 75 分钟，劳尔抓住反击机会，狂奔 60 米，过掉卡尼萨雷斯之后将球送进空门。将最终比分定格在 3 比 0，皇家马德里如愿第 8 次站在欧洲之巅。

半个月之后，皇马迎来了新世纪的变革，建筑商人弗洛伦蒂诺成为皇马的新主席，他立誓要将球队建设成欧洲最伟大的俱乐部。从当年之后开始，弗洛伦蒂诺每个赛季都为伯纳乌带来一个超级巨星，菲戈、齐达内、罗纳尔多、贝克汉姆、迈克尔·欧文等，一艘席卷欧洲足坛的“银河战舰”起航了。

1999/2000 赛季皇马欧冠数据

	对阵球队	比分	
小组第一阶段	奥林匹亚科斯	3 比 3（客场）	3 比 0（主场）
小组第一阶段	莫尔德	4 比 1（主场）	0 比 1（客场）
小组第一阶段	波尔图	3 比 1（主场）	2 比 1（客场）
小组第二阶段	基辅迪纳摩	1 比 2（客场）	2 比 2（主场）
小组第二阶段	罗森博格	3 比 1（主场）	0 比 1（客场）
小组第二阶段	拜仁慕尼黑	2 比 4（主场）	4 比 1（客场）
1/4 决赛	曼联	0 比 0（主场）	2 比 3（客场）
半决赛	拜仁慕尼黑	2 比 0（主场）	2 比 1（客场）
决赛	巴伦西亚	3 比 0	

1999/2000 赛季欧冠决赛皇马进球球员
费尔南多・莫伦特斯 1 球 / 劳尔・冈萨雷斯 1 球
史蒂夫・麦克马纳曼 1 球
1990/2000 赛季欧冠皇马最佳射手
劳尔・冈萨雷斯 10 球

NO 9

皇马欧冠十二冠荣耀札记

天外飞仙 2001/2002

UEFA Champions League

2001年夏天，齐达内以7500万欧元的天价转会费加盟皇马，“银河战舰”一期已经起航，而一个欧冠冠军，正是法国球王带给新东家的最好礼物。

第一阶段小组赛，皇马力压罗马以小组头名出线，第二阶段小组赛，皇马再次以势如破竹之势（5胜1平）成功突围，成为首支晋级八强的球队。

1/4决赛对阵德甲豪门拜仁慕尼黑，皇马客场1比2落败。回到伯纳乌，皇马凭借埃尔格拉和古蒂的进球以2比0获胜淘汰对手，报了前一个赛季半决赛失利之仇。

半决赛的对手是死敌巴萨，无论在西甲还是欧洲赛场，世纪大战永远不会让人失望。首回合，虽然菲戈缺阵，但皇马还是在诺坎普98000名观众的注视下以2比0取胜，齐达内及麦克马纳曼下半场各进一球。次回合回到伯纳乌，劳尔远射破门，埃尔格拉的乌龙球也没让巴萨回魂。

2002年5月15日，皇马和勒沃库森在格拉斯哥的汉普顿公园球场上演了决赛的巅峰对决。当时的勒沃库森阵容，巴拉克已经逐步成长为欧洲顶级中场，卢西奥则是欧洲最佳中卫，再加上施耐德、诺伊维尔、巴斯图尔克等实力干将，“药厂”的纸面实力也并不弱。

开场第9分钟，劳尔就接到卡洛斯所抛出的界外球破门得分，随后卢西奥利用一次角球机会扳平了比分，两人后来都入选了欧洲最佳阵容，不过他们两人的光芒都被随后进球的球员给掩盖了，他便是齐达内。

上半场比赛临近结束时，卡洛斯艰难地将球传向禁区，足球飞出了一道美妙的弧线，齐达内看着它，侧身，

凌空抽射，足球入网。历史在这一刻被定格，无数的闪光灯记录下这个进球，它划过格拉斯哥的夜空，点燃了汉普顿球场的焰火。

这粒“天外飞仙”进球后来也被评为了欧冠历史50佳进球的第一位，在皇马的荣誉室内，至今依然保存着这张齐达内转身攻门瞬间的照片。正是凭借这粒制胜进球，皇马第九次称雄欧洲足坛，为俱乐部的百年诞辰送上了大礼。

齐达内不仅帮助皇马赢得了胜利，更是拿到了自己职业生涯当时最梦寐以求的欧冠冠军，也奠定了他日后“大满贯”的荣耀，而壮志未酬的巴拉克则是将遗憾永远留在了足球场。

也正是在这场比赛，21岁的卡西利亚斯替换受伤的塞萨尔出场一战成名，开启了波澜壮阔的白衣生涯。

2001/2002 赛季皇马欧冠数据

	对阵球队	比分	
小组第一阶段	罗马	1 比 2（客场）	1 比 1（主场）
小组第一阶段	莫斯科火车头	4 比 0（主场）	0 比 2（客场）
小组第一阶段	安德莱赫特	4 比 0（主场）	0 比 2（客场）
小组第二阶段	布拉格斯巴达	2 比 3（客场）	3 比 0（主场）
小组第二阶段	帕纳辛奈科斯	3 比 0（主场）	2 比 2（客场）
小组第二阶段	波尔图	1 比 0（主场）	1 比 2（客场）
1/4 决赛	拜仁慕尼黑	2 比 1（客场）	2 比 0（主场）
半决赛	巴萨	0 比 2（客场）	1 比 1（主场）
决赛	勒沃库森	2 比 1	

2001/2002 赛季欧冠决赛皇马进球球员

劳尔·冈萨雷斯 1 球 / 齐内丁·齐达内 1 球

2001/2002 赛季欧冠皇马最佳射手

劳尔·冈萨雷斯 6 球

NO 10

十全十美 2013/2014

UEFA Champions League

在2002年夺得队史第9座欧冠奖杯之后，齐达内惊艳的一脚“天外飞仙”，仿佛就将皇马的好运全部带走。一次次冲击第10冠，一次次折戟沉沙。

从2004赛季开始，皇马连续六年止步欧冠1/8决赛，皇马成了欧冠赛场上的“十六郎”。穆里尼奥到来后，“十六郎”成为过去。但新的绰号也油然而生，连续3个赛季折戟半决赛，“皇四爷”的调侃也被推上前台。葡萄牙人最后带着欧冠赛场的壮志未酬离开。

2013年夏天，意大利名帅安切洛蒂成为“白衣军团”的新帅。尽管执教成绩不如穆里尼奥耀眼，但安帅球员时代和教练时代拿到4座欧冠奖杯，这正是皇马看重的地方。

小组赛一开始，皇马就展现出了良好的状态，横扫了土超豪门加拉塔萨雷与丹麦劲旅哥本哈根，并在与意甲班霸尤文图斯的比赛里占得上风。

进入淘汰赛，皇马接连遭遇3支德国球队，一扫往年“愁见德”的颓势，9比2血洗沙尔克04晋级8强；1/4决赛对阵“大黄蜂”多特蒙德，前一个赛季的欧冠半决赛，皇马正是被多特蒙德淘汰。

此番双方再次狭路相逢，面对缺兵少将的“大黄蜂”，皇马全队志在复仇，上半场先是贝尔的闪电进球，紧接着伊斯科扩大比分，下半场C罗建功，最终3比0痛宰对手。一周后，“白衣军团”险些遭遇滑铁卢，在威斯特法伦球场，罗伊斯上半场7分钟内梅开二度，下半场多特错失了多次破门良机，最终多特蒙德主场2比0战胜皇马，“银河战舰”以总比分3比2涉险晋级欧冠四强。

在半决赛中皇马与拜仁狭路相逢，这是当之无愧的“欧洲德比”。安切洛蒂的球队两回合不可思议地以5比0淘汰上届冠军，尤其是次回合做客安联球场的比赛堪称经典，皇马以4球羞辱德甲班霸，C罗梅开二度让安联球场彻底鸦雀无声，“白衣军团”终于在拜仁地盘上取得首胜，2002年以来首次杀进欧冠决赛，皇马天王则创造单赛季17球的冠军杯纪录和33球的欧冠淘汰赛纪录。

2014年5月25日，里斯本吸引着全世界的目光，欧冠历史上最独特的决赛在光明球场进行，这是欧冠决赛历史上第一次在同城之间上演交锋，比赛一波三折，各种神剧情，让球迷看得荡气回肠。

比赛的开局出乎所有人的预料，赛前并不被人看好的马竞在第4分钟取得梦幻开局。角球二次进攻中戈丁头球顶向球门本无威胁，但卡西出击失误，皮球越过卡西头顶飞向球门。

时间一分一秒地流逝，皇马的大举进攻一次次无功而返。直到下半场伤停补时第3分钟，奇迹发生了，莫德里奇开出角球，后点的拉莫斯插上头球攻门，皮球弹地后擦着左侧立柱入网，1比1！皇马起死回生。

加时赛，马竞受困于体能已经难以组织起有效的攻防。贝尔的补射反超比分，马塞洛禁区边缘低射锁定胜局。第120分钟，C罗罚进点球完美定格，4比1，皇马成功逆转捧杯！

星光熠熠的“银河战舰”终于完成了十冠梦想，在22个拿到过欧冠的俱乐部中，他们成为欧洲第一支夺得欧冠次数达到两位数的俱乐部。

2013/2014 赛季皇马欧冠数据

	对阵球队	比分	
小组赛	加拉塔萨雷	1 比 6（客场）	4 比 1（主场）
小组赛	哥本哈根	4 比 0（主场）	0 比 2（客场）
小组赛	尤文图斯	2 比 1（主场）	2 比 2（客场）
1/8 决赛	沙尔克 04	1 比 6（客场）	3 比 1（主场）
1/4 决赛	多特蒙德	3 比 0（主场）	2 比 0（客场）
半决赛	拜仁慕尼黑	1 比 0（主场）	0 比 4（客场）
决赛	马德里竞技	4 比 1	

2013/2014 赛季欧冠决赛皇马进球球员

塞尔吉奥·拉莫斯 1 球 / 加雷斯·贝尔 1 球

马塞洛 1 球 / 克里斯蒂亚诺·罗纳尔多 1 球

2013/2014 赛季欧冠皇马最佳射手

克里斯蒂亚诺·罗纳尔多 17 球

WINNERS
UEFA CHAMPIONS LEAGUE 2014

FINAL LISBON 2014
Fly Emirates
LA DÉCIMA

NO 11

皇马欧冠十二冠荣耀札记

笑傲德比 2015/2016

UEFA Champions League

好景不长，在夺得俱乐部第十座欧冠奖杯的第二年，安切洛蒂成为弗洛伦蒂诺治下又一位失意主帅，取而代之的是杯赛专家贝尼特斯。这位土生土长的马德里本地人在发布会上激动得差点落下眼泪，“我不知道该说些什么，动情的一天，回到我的家。希望我们能赢得冠军。”

回到欧冠赛场上，皇马小组赛以5胜1平的优异成绩头名晋级十六强。小组赛过程中面对实力最为强悍的巴黎圣日耳曼，皇马分别以客场0比0、主场1比0顺利过关、未尝败绩；面对第四档次的马尔默，先是在客场2比0取胜，接着在主场凭借C罗的“大四喜”以及本泽马的“帽子戏法”以8比0横扫对手，这场比赛更是欧冠联赛在1992年改制后首次出现当场有两名球员攻进三球以上的纪录。

2016年2月中旬，16强赛开打时，站在场边指挥比赛的已经变成了齐达内，贝尼特斯早在2016年年初就离开了伯纳乌，距离上任仅仅7个月，是皇马俱乐部历史最短命的主教练。皇马总比分4比0干净利落地淘汰罗马，C罗两回合进2球1次助攻，“白衣军团”连续6个赛季打进八强。

1/4决赛首回合，面对首次打进欧冠八强的“菜鸟”狼堡，皇马出人意料地客场0比2负于沃尔夫斯堡，遭遇赛季欧冠首败。在首回合客场告负的情况下，皇马已经有足足29年没能逆转晋级了。

正当分析家们悲观地计算着皇马的晋级概率时，正当球迷们不解球队为何能够逆转巴萨却完败狼堡时，C罗打消了所有人的质疑，上半场皇马天王86秒之内连入两球扳平大比分，第76分钟时任意球直捣黄龙，3比2，C罗用个人当赛季欧冠的第三次“帽子戏法”让皇马跻身四强。

与曼城的两回合半决赛，C罗受到大腿肌肉拉伤的困扰不在最佳状态。做客伊蒂哈德，两队都没有进球；回到伯纳乌，皇马笑纳费尔南多的乌龙球，以经济实惠的1比0跻身欧冠决赛。而等待着他们的，则是两年前的决赛对手同城死敌马德里竞技。

2016年5月29日，史上第二次欧冠决赛的马德里德比从里斯本移师至米兰的圣西罗球场进行。一开场双方就重现了两年前那种剑拔弩张的紧张氛围。

皇马在开场第15分钟率先破门，拉莫斯接应贝尔的头球摆渡，在门前抢先将球捅进奥布拉克把守的大门，1比0！他成为首位在两届冠军杯决赛中进球的西班牙后卫。

易边再战，佩佩在禁区内绊倒托雷斯，马竞获得点球机会，格里兹曼的点球打在了横梁上，皇马躲过一劫。顽强的“床单军团”在第79分钟扳平比分，卡拉斯科抢在达尼洛之前抢点破门！

此后双方都未能再改写比分，经过加时赛30分钟的鏖战之后，比赛进入了点球大战。前三轮双方全部命中，第四轮胡安·弗兰罚丢关键点球，代表皇马踢第五罚的C罗一蹴而就，皇马点球决战以5比3击败马竞，第十一次登上欧洲之巅！

2015/2016 赛季皇马欧冠数据

	对阵球队	比分	
小组赛	加拉塔萨雷	1比6（客场）	4比1（主场）
小组赛	哥本哈根	4比0（主场）	0比2（客场）
小组赛	尤文图斯	2比1（主场）	2比2（客场）
1/8 决赛	罗马	0比2（客场）	2比0（主场）
1/4 决赛	沃尔夫斯堡	2比0（主场）	0比3（客场）
半决赛	曼城	0比0（客场）	1比0（主场）
决赛	马德里竞技	1比1（点球5比3）	

2015/2016 赛季欧冠决赛皇马进球球员
塞尔吉奥·拉莫斯 1球
2015/2016 赛季欧冠皇马最佳射手
克里斯蒂亚诺·罗纳尔多 16 球

UEFA CHAMPIO

特别链接：三冠封王

2016 年 5 月 28 日，欧冠决赛，皇马和马竞最终进入点球决战，最终 C 罗用一记点球帮助皇马赢得俱乐部历史上第十一座欧冠冠军奖杯，也赢得了个人欧冠第三冠。

至此皇马在 1956 年、1957 年、1958 年、1959 年、1960 年、1966 年、1998 年、2000 年、2002 年、2014 年、2016 年共夺得过 11 次欧冠冠军，是历史上夺得此项至尊荣誉最多的球队。皇马曾于 1956—1960 年夺得史无前例的五连冠，而“白衣军团”也是欧冠联赛创办以来的第一支冠军球队。

NO 12

皇马欧冠十二冠荣耀札记

破咒卫冕 2016/2017

UEFA Champions League

自从1992/1993赛季欧冠改制以来，从未出现过卫冕成功的球队。此前曾有4支球队挑战这个魔咒均告失败：分别是1993/1994赛季，AC米兰大胜巴萨夺冠，次年决赛败给阿贾克斯；1995/1996赛季尤文图斯夺冠，之后连续两年取得欧冠亚军；还有阿贾克斯和曼联，他们也分别在次年无缘欧冠冠军。

2016/2017赛季，皇马踏上了卫冕之路。他们小组赛中和多特蒙德、华沙莱吉亚以及葡萄牙体育同分在F组，最终皇马以12分小组第二名出线，但是相比于多特蒙德，“白衣军团”在小组赛中并没有展现出高人一筹的实力，赢球也很少有大胜对手的情况。

皇马淘汰赛的首个对手是那不勒斯，齐达内的球队在两回合比赛中发挥完胜意甲劲旅，以总比分6比2轻松晋级。

八强战皇马遭遇老对手拜仁，首回合C罗在安联球场梅开二度率领球队2比1逆转对手，葡萄牙球星欧战总入球数达到100个。

2017年4月19日，双方回到伯纳乌再战。皇马遇到了拜仁顽强的抵抗，下半场，罗本制造点球，莱万主罚命中，随后C罗破门扳平比分，但拉莫斯自摆乌龙让拜仁再度超出，比达尔两黄变一红被罚下。双方总比分战为3比3平进入加时赛，C罗加时赛中梅开二度完成“帽子戏法”，欧冠总进球数达到100粒，阿森西奥也打进一球。最终皇马以4比2战胜拜仁，两回合总分6比3，昂首晋级4强。

半决赛皇马的对手是同城死敌马竞，首回合皇马主场以3比0轻松击败对手，但是次回合比赛马竞刚开场就连进两球把皇马逼到了悬崖边上，不过伊斯科的进球让皇马稳住了局势，最终他们以总比分4比2击败马竞杀入决赛。

这是皇马第15次进入欧冠决赛，继续刷新自己保持的历史最高纪录。不过，皇马面临一个最大的魔咒是，欧冠改制以来历史上从未出现过卫冕成功的球队，“白衣军团”能创造奇迹吗？

2017年6月4日，2016/2017赛季欧冠联赛在威尔士加的夫千年球场进行巅峰对决，皇马对阵意甲六连霸尤文图斯。两队上一次在决赛中碰面还要追溯到1998年欧冠决赛，当时“斑马军团”的核心正是如今的皇马主帅齐达内，皇马凭借米贾托维奇的进球小胜。

比赛开始后，尤文一反常态率先出招，伊瓜因、皮亚尼奇的射门考验着纳瓦斯的神经，皇马门前一度风声鹤唳。第19分钟，皇马本场比赛第一脚打门就一剑封喉。皇马策动反击，C罗接卡瓦哈尔传球推射远角破门，布冯束手无策。皇马1比0尤文。

尤文很快扳平了比分，曼祖基奇禁区内接应伊瓜因传球背身胸部停球，没有犹豫选择倒钩，皮球划出美妙弧线越过纳瓦斯头顶飞入网窝，1比1！

正当人们以为这场决赛将激战到最后一刻时，下半场比赛“斑马军团”突然崩盘。卡塞米罗远射建功，C罗抢点得分完成梅开二度，夸德拉多两黄一红被罚出场，阿森西奥替补登场破门。最终，皇马以4比1击败尤文，成为欧冠改制后首支成功卫冕的冠军球队，这也是皇马队史的第12座欧冠冠军奖杯。

至此“银河战舰”本赛季也实现了西甲+欧冠的双冠王，这是“白衣军团”俱乐部历史上第三次双冠王，距离上次已经过去了大约60年之久。

2016/2017 赛季皇马欧冠数据

	对阵球队	比分	
小组赛	里斯本竞技	2 比 1（主场）	1 比 2（客场）
小组赛	多特蒙德	2 比 2（客场）	2 比 2（主场）
小组赛	华沙莱吉亚	5 比 1（主场）	3 比 3（客场）
1/8 决赛	那不勒斯	3 比 1（主场）	1 比 3（客场）
1/4 决赛	拜仁慕尼黑	1 比 2（客场）	4 比 2（主场）
半决赛	马德里竞技	3 比 0（主场）	2 比 1（客场）
决赛	尤文图斯	4 比 1	

2016/2017 赛季欧冠决赛皇马进球球员

克里斯蒂亚诺·罗纳尔多 2 球 / 卡洛斯·卡塞米罗 1 球

马尔科·阿森西奥 1 球

2016/2017 赛季欧冠皇马最佳射手

克里斯蒂亚诺·罗纳尔多 12 球

冠军之路

2016/2017赛季

大耳朵杯上随风飘动的银色丝带昭示着这一年欧洲足球属于高贵的纯白。皇马，这支欧冠历史上最成功的球队，连续两年站在了欧洲的顶峰。4 年，4 次欧冠四强，3 座冠军奖杯（2014 年、2016 年、2017 年），21 世纪的第二个十年，皇马一举超越了曾两度问鼎欧洲赛场的巴塞罗那（2011 年、2015 年），成为欧洲足坛当之无愧的新王者。魔咒就是用来打破的，历史必须由强者才能书写。现在就让我们重温 2016/2017 赛季，皇马卫冕欧洲的冠军之路。

1 皇马 2 比 1 里斯本竞技（主场）
小组赛 F 组第 1 轮 /2016 年 9 月 16 日

客队首先在第 47 分钟取得领先，皇马整场比赛久攻不下，直到第 89 分钟 C 罗任意球破门，皇马球迷还在为能够拿到一场平局感到庆幸时，莫拉塔随后头球绝杀里斯本竞技，皇马因此逆转了葡超劲旅。

2 皇马 2 比 2 多特蒙德（客场）
小组赛 F 组第 2 轮 /2016 年 9 月 28 日

C 罗第 17 分钟为皇马在客场打破僵局，但是第 43 分钟纳瓦斯低级失误葬送了好局，尽管他扑出了格雷罗的射门，皮球却打在瓦拉内身上，奥巴梅扬因此抓住机会补射破门。第 68 分钟，罪人瓦拉内将功补过，抓住角球机会为皇马超出比分，但是第 87 分钟，替补出战的许尔勒将比分最终锁定为 2 比 2。

3 皇马 5 比 1 华沙军团（主场）
小组赛 F 组第 3 轮 /2016 年 10 月 19 日

贝尔在第 16 分钟的破门拉开了这场屠杀之战的序幕，第 19 分钟，客队球员约德沃维奇打进 1 粒乌龙球。虽然拉多维奇在第 22 分钟为华沙军团扳回一城，但是阿森西奥、卢卡斯·巴斯克斯和莫拉塔先后破门，皇马本土三叉戟火力全开将比分最终锁定为 5 比 1。尽管 C 罗此役没有进球，但是葡萄牙射手完成了两次助攻。

4 皇马 3 比 3 华沙军团（客场）
小组赛 F 组第 4 轮 /2016 年 11 月 3 日

同首回合一样，依然是贝尔为皇马首开纪录，威尔士人开场仅 57 秒就完成破门。第 35 分钟，本泽马打进 1 球，皇马两球领先却突然丢魂。第 39 分钟，奥福打进 1 粒世界波，吹响了华沙军团反攻的号角，拉多维奇和穆兰在第 58 分钟和第 83 分钟分别打进 1 球，此时本组被认为最弱的华沙军团竟然主场 3 比 2 领先皇马！不过科瓦契奇在第 85 分钟后插上将比分锁定为 3 比 3。

5 皇马 2 比 1 里斯本竞技（客场）
小组赛 F 组第 5 轮 /2016 年 11 月 23 日

C 罗回到自己出道时的里斯本，比赛中他助攻瓦拉内，在第 29 分钟打进 1 球。若昂·佩雷拉在第 64 分钟被红牌罚下，但是皇马直到第 87 分钟才由本泽马打进制胜进球，皇马 2 比 1 攻克阿尔瓦拉德球场，提前一轮小组出线。

6 皇马 2 比 2 多特蒙德（主场）
小组赛 F 组第 6 轮 /2016 年 12 月 8 日

皇马在第 28 分钟由本泽马首开纪录，第 53 分钟法国锋霸梅开二度，使得皇马两球领先。但是“大黄蜂”随后连扳两球，先是奥巴梅扬在第 60 分钟打进 1 球，第 88 分钟再由罗伊斯铲射破门，最终两队在这场头名之战握手言和，多特蒙德力压皇马获得小组第一。

7 皇马 3 比 1 那不勒斯（主场）
1/8 决赛首回合 /2017 年 2 月 16 日

因西涅开场仅 8 分钟的一脚漫不经心的远射攻破了皇马的球门，纳瓦斯因为站位失误导致皇马率先丢球。但是第 18 分钟本泽马扳平比分，下半场皇马两位中场球员轮番后插上破门，克罗斯祭出了贴地斩，卡塞米罗重炮直接定江山，皇马以 3 比 1 逆转取胜。

8 皇马 3 比 1 那不勒斯（客场）

1/8 决赛次回合 /2017年3月8日

首回合告负的意大利人在次回合一开场就发起猛攻，默滕斯在第 24 分钟抓住了皇马防线的漏洞，他接到哈姆西克传球攻破纳瓦斯的球门。那不勒斯看见了翻盘的希望，不过拉莫斯在下半场 8 分钟里制造了两粒进球终结了对手晋级的悬念，先是在第 51 分钟头球扳平了比分，7 分钟后又制造了默滕斯的乌龙球。而在第 90 分钟，莫拉塔的进球，彻底杀死了比赛，皇马主客场双杀那不勒斯，顺利晋级 8 强。

9 皇马 2 比 1 拜仁慕尼黑（客场）

1/4 决赛首回合 /2017年4月13日

皇家马德里此前 30 次做客德国只取得过 4 场胜利。此役拜仁慕尼黑悍将比达尔在第 25 分钟取得进球，场上局面对皇马非常不利，关键时刻 C 罗大发神威，他在第 47 分钟和第 77 分钟打入两球，最终帮助“银河战舰”完成逆转。

10 皇马 4 比 2 拜仁慕尼黑（主场）

1/4 决赛次回合 /2017年4月19日

虽然首回合客场战胜拜仁，但皇马在次回合打得并不保守。首回合球队获胜的首功之臣 C 罗再次延续了良好状态，他在此役上演“帽子戏法”，彻底断送了拜仁慕尼黑的晋级希望。

11 皇马 3 比 0 马德里竞技（主场）

半决赛首回合 /2017年5月3日

凭借 C 罗的“帽子戏法”，皇马在主场对阵马德里竞技的欧冠半决赛首回合中以 3 比 0 战胜对手，同时这也是葡萄牙人连续第二场欧冠比赛打进 3 球，最近的三场欧冠比赛，C 罗更是有 8 球入账。

12 皇马 1 比 2 马德里竞技（客场）

半决赛次回合 /2017年5月11日

尽管在上半场马竞取得两球领先，但是随后伊斯科在上半场末段的破门得分还是彻底击碎了马竞想要在次回合翻盘的雄心，同时皇马也继续向着成为欧冠改制后第一支卫冕成功的球队之路挺进。

13 皇马 4 比 1 尤文图斯

决赛 /2017年6月4日

REAL MADRID VS JUVENTUS

2017 年 6 月 4 日，2016/2017 赛季欧冠联赛在威尔士加的夫千年球场进行巅峰对决，尤文图斯对阵皇家马德里。上半场 C 罗助皇马首开纪录，曼祖基奇随后用一记惊天倒钩将比分扳平。下半场，卡塞米罗远射建功，紧接着 C 罗近门柱抢点得分完成梅开二度，夸德拉多在第 84 分钟两黄变一红被罚出场，阿森西奥替补登场在第 90 分钟锁定胜局。最终，皇马以 4 比 1 击败尤文，成为欧冠改制后首支成功卫冕的冠军球队，这也是皇马队史的第 12 座欧冠联赛冠军奖杯。

欧冠决赛5大进球

2016/2017 UEFA Champions League Final 5 Goals

1 2016/2017 赛季欧冠决赛，皇马对阵尤文图斯，比赛第 20 分钟，迪巴拉前场盘带遭抢断丢球，皇马打出反击，克罗斯左路通过中场交给本泽马，本泽马转移到右侧，C 罗与卡瓦哈尔踢墙配合，卡瓦哈尔禁区右侧回敲，C 罗在门前 13 米处推射入左下角，1 比 0。

2 尤文第 27 分钟扳平比分！博努奇右路斜长传，桑德罗插到禁区左侧接应，直接左脚凌空垫向中路，伊瓜因胸部停球垫给曼祖基奇，曼祖在门前 12 米处胸部停球，然后顺势倒钩，皮球划过一道美妙的弧线，越过纳瓦斯进入球门右上角，1 比 1。

3 皇马第 61 分钟再度领先！本泽马左路切入禁区回传，克罗斯 15 米处左脚推射被桑德罗破坏，卡塞米罗在门前 27 米处重炮轰门，皮球蹭到赫迪拉变线后进入球门，2 比 1。

4 第 64 分钟，距离上个进球仅过 3 分钟，C 罗梅开二度！卡塞米罗中圈长传，阿莱士·桑德罗头球解围被莫德里奇断下，卡瓦哈尔右路直塞前插的莫德里奇，莫德里奇底线传中，C 罗前点距门 3 米处小角度半凌空推进远角，3 比 1。

5 第 84 分钟，夸德拉多拣球时推开拉莫斯，拉莫斯顺势倒地，夸德拉多吃到第 2 张黄牌被罚下！尤文大势已去。莫拉塔换下克罗斯。皇马第 90 分钟再添一分，马塞洛左路底线突破勒米纳传中，阿森西奥在门前 8 米处左脚推进右下角，比分最终定格为 4 比 1。

adidas
Fly
Emirates

问鼎联盟

皇马荣膺西甲冠军荣耀季

西甲最后一轮，皇马客场以 2 比 0 完胜马拉加，夺得 2016/2017 赛季联赛冠军。这是皇马近 5 年来首个西甲冠军，俱乐部历史上第 33 次联赛捧杯！皇马众将士穿着 33 号战袍，纪念这难忘的一刻！

C 罗闪电破门，本泽马扩大领先优势，皇马没有给巴萨留下任何想象的空间。等主裁判吹响结束哨之后，马拉加的玫瑰园球场成为皇马欢乐的海洋！佩佩在自拍，贝尔迫不及待冲入球场，阿森西奥、巴斯克斯狂欢庆祝……联赛冠军，久违了！

皇马上次获得西甲联赛冠军，还要追溯到 2011/2012 赛季。穆里尼奥带领皇马以 100 分、121 个进球加冕西甲冠军。

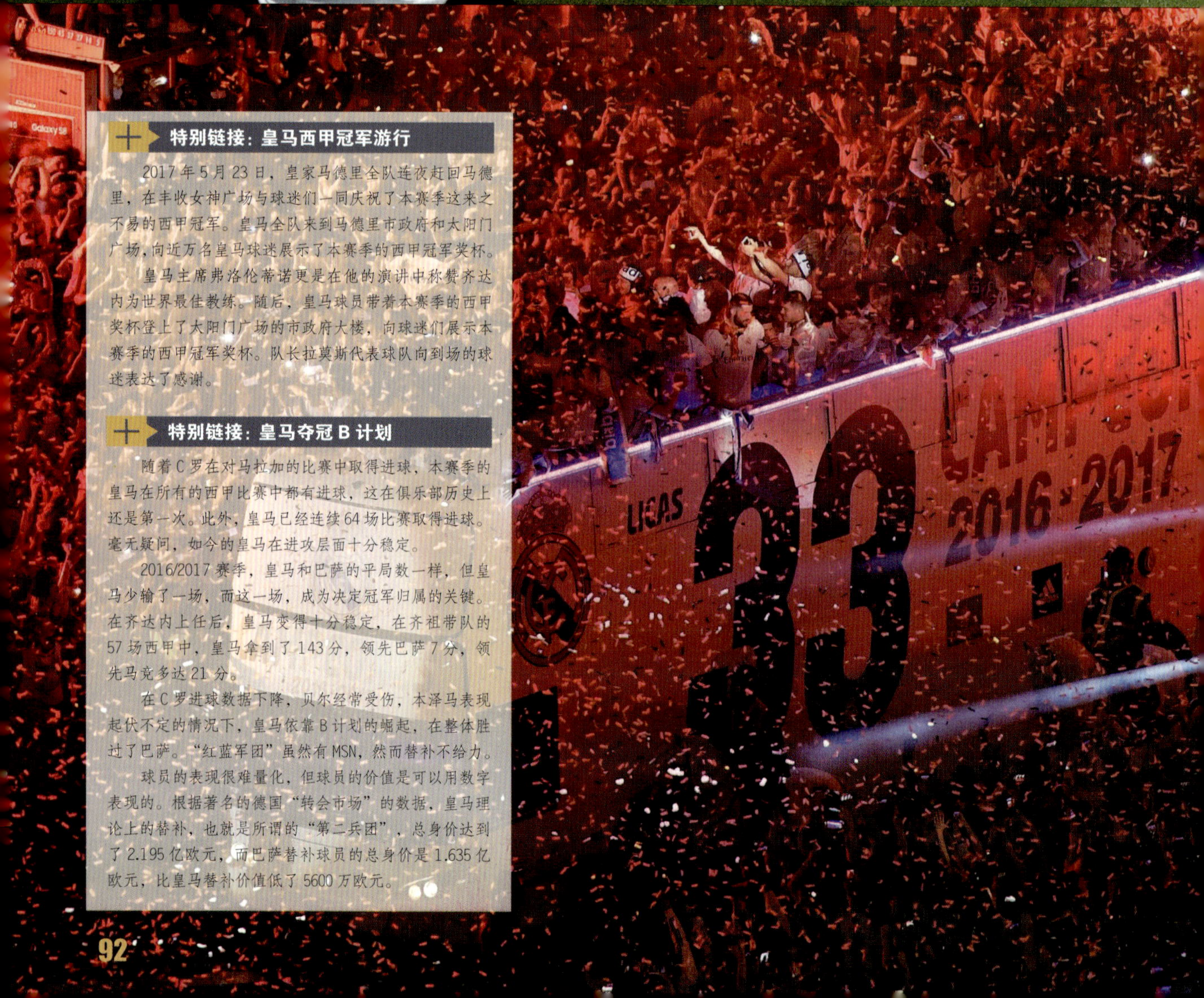

特别链接：皇马西甲冠军游行

2017 年 5 月 23 日，皇家马德里全队连夜赶回马德里，在丰收女神广场与球迷们一同庆祝了本赛季这来之不易的西甲冠军。皇马全队来到马德里市政府和太阳门广场，向近万名皇马球迷展示了本赛季的西甲冠军奖杯。

皇马主席弗洛伦蒂诺更是在他的演讲中称赞齐达内为世界最佳教练。随后，皇马球员带着本赛季的西甲奖杯登上了太阳门广场的市政府大楼，向球迷们展示本赛季的西甲冠军奖杯。队长拉莫斯代表球队向到场的球迷表达了感谢。

特别链接：皇马夺冠 B 计划

随着 C 罗在对马拉加的比赛中取得进球，本赛季的皇马在所有的西甲比赛中都有进球，这在俱乐部历史上还是第一次。此外，皇马已经连续 64 场比赛取得进球。毫无疑问，如今的皇马在进攻层面十分稳定。

2016/2017 赛季，皇马和巴萨的平局数一样，但皇马少输了一场，而这一场，成为决定冠军归属的关键。在齐达内上任后，皇马变得十分稳定，在齐祖带队的 57 场西甲中，皇马拿到了 143 分，领先巴萨 7 分，领先马竞多达 21 分。

在 C 罗进球数据下降，贝尔经常受伤，本泽马表现起伏不定的情况下，皇马依靠 B 计划的崛起，在整体胜过了巴萨。“红蓝军团”虽然有 MSN，然而替补不给力。

球员的表现很难量化，但球员的价值是可以用数字表现的。根据著名的德国“转会市场”的数据，皇马理论上的替补，也就是所谓的“第二兵团”，总身价达到了 2.195 亿欧元，而巴萨替补球员的总身价是 1.635 亿欧元，比皇马替补价值低了 5600 万欧元。

特别链接：意志强大逆转王

2016/2017 赛季的皇马展现了强大的精神力量，球队屡屡在最后时刻获胜。比赛最后 15 分钟，皇马累计打进了 27 粒进球，像莫拉塔在对阵比利亚雷亚尔时打进一球，绝杀对手全取 3 分，C 罗在对阵拉斯帕尔马斯的比赛中于 86 分钟和 89 分钟各入 1 球，拉莫斯在对阵贝蒂斯时第 88 分钟破门，伊斯科在大磨坊球场最后读秒击败希洪竞技。充沛的体能加上超强的意志，让皇马在赛场上韧劲十足，霸气外漏。

特别链接：西甲 33 冠掠影

从 1902 年建立马德里俱乐部到 2017 年，长达 115 年的跌宕岁月里，皇马几经沉浮，终不改豪门本色。1931/1932、1932/1933 赛季，皇马连续夺得西甲联赛冠军，霸业开启；1960 年至 1979 年这 20 个赛季，皇马 13 次捧起联赛冠军奖杯，这段时间内，巴萨仅有 1 次夺冠。布特拉格诺、米歇尔、桑切斯、巴斯克斯和帕德萨的“五鹰时代”，从 1986 年到 1990 年，皇马再次完成西甲五连冠。

尽管到了 20 世纪 90 年代以后，巴萨梦二、梦三王朝开始统治，但高贵的“银河战舰”从未低头。

2011/2012 赛季，穆里尼奥终于打破巴萨的垄断，为皇马拿下第 32 座西甲冠军奖杯。2015/2016 赛季，齐达内临危受命。2016/2017 赛季，皇马在齐达内的带领下稳步前进，时隔 5 年再次捧起西甲桂冠！

12 届欧冠冠军、33 届联赛冠军、20 世纪世界最佳俱乐部，4 年 3 次杀入欧冠决赛，C 罗、贝尔、拉莫斯等巨星闪耀，加之齐达内的睿智和优雅……皇马的足球推崇进攻和华丽。这个赛季在西甲，皇马 38 轮联赛都有进球，创造了史无前例的纪录！

BENZEMA

B

皇马总出场

365

皇马总进球

180

数据截至2016/2017赛季结束

2016/2017 赛季总出场 48 场进 19 球
2016/2017 赛季西甲出场 29 场进 11 球

BALE

B

皇马总出场

150

皇马总进球

67

数据截至2016/2017赛季结束

2016/2017 赛季总出场 27 场进 9 球
2016/2017 赛季西甲出场 19 场进 7 球

RONALDO
C
皇马总出场
394
皇马总进球
406
数据截至2016/2017赛季结束
2016/2017 赛季总出场 46 场进 42 球
2016/2017 赛季西甲出场 29 场进 25 球

Fly
Emirates
7
adidas
LFP
QATAR
AIRWAYS
DRI-FIT
10

绝代双骄

C罗与梅西的荣耀数据决

349 西甲联赛进球 La Liga Goals 2004—2017 年

44 国王杯进球 Copa del Rey Goals 2004—2017 年

94 欧冠联赛进球 UEFA Champions League Goals 2004—2017 年

12 西班牙超级杯进球 Spanish Super Cup Goals 2006—2017 年

58 国家队进球 Argentina Goals 2005—2017 年

LIONEL MESSI

5 金球奖 Ballon d'Or
2009、2010、2011、2012、2015

1 世界足球先生奖 FIFA World Player of the Year
2009

2 欧洲最佳球员奖 UEFA Best Player in Europe Award
2011、2015

1 欧洲俱乐部年度最佳前锋 European Club Year Best
2008/2009

4 欧洲金靴奖 European Golden Shoe
2009/2010、2011/2012、2012/2013、2016/2017

4 西甲最佳射手 La Liga Top Scorer
2009/2010、2011/2012
2012/2013、2016/2017

5 欧冠联赛最佳射手 UEFA Champions Best Shooter
2008/2009、2009/2010、2010/2011、2011/2012、2014/2015

6 西甲最佳球员奖 La Liga Best Player
2009、2010、2011、2012、2013、2015

10 阿根廷年度最佳球员奖 Footballer of the Year of Argentina
2005、2007—2013、2015、2016

1 世界杯金球奖 FIFA World Cup Golden Ball
2014

4 金球奖
Ballon d'Or
2008、2013、2014、2016

2 世界足球先生奖
FIFA World Player of the Year
2008、2016

2 欧洲最佳球员奖
UEFA Best Player in Europe Award
2014、2016

1 欧洲俱乐部年度最佳前锋
European Club Year Best
2007/2008

4 欧洲金靴奖
European Golden Shoe
2007/2008、2010/2011
2013/2014、2014/2015

3 西甲最佳射手
La Liga Top Scorer
2010/2011、2013/2014
2014/2015

6 欧冠联赛最佳射手
UEFA Champions Best Shooter
2007/2008、2012/2013
2013/2014、2014/2015
2015/2016、2016/2017

1 西甲最佳球员奖
La Liga Best Player
2014

8 葡萄牙最佳球员奖
Best Portuguese Athlete Abroad
2007、2008、2009、2011
2012、2013、2015、2016

2 英格兰足球先生奖
FWA Footballer of the Year
2007、2008

西甲联赛进球
La Liga Goals
2009—2017 年
285

国王杯进球
Copa del Rey Goals
2010—2017 年
22

欧冠联赛进球
UEFA Champions League Goals
2003—2017 年
103

西班牙超级杯进球
Spanish Super Cup Goals
2011—2017 年
03

国家队进球
Portugal Goals
2003—2017 年
71

CRISTIANO RONALDO

41	职业生涯帽子戏法次数 Career Hat-tricks	2004—2017 年
26	西甲帽子戏法次数 La Liga Hat-tricks	2004—2017 年
07	欧冠帽子戏法次数 UEFA Champions League Hat-tricks	2004—2017 年
23	国家德比进球 El Clasico Goals	2004—2017 年
05	世界杯进球 FIFA World Cup Goals	2006—2014 年
08	美洲杯进球 Copa America Goals	2005—2014 年

LIONEL MESSI

8	西甲联赛冠军 La Liga	2004/2005、2005/2006 2008/2009、2009/2010 2010/2011、2012/2013 2014/2015、2015/2016
5	国王杯冠军 Copa del Rey	2008/2009、2011/2012 2014/2015、2015/2016 2016/2017
7	西班牙超级杯冠军 Supercopa de Espana	2005、2006、2009、 2010、2011、2013、2016
4	欧洲冠军联赛冠军 UEFA Champions League	2005/2006、2008/2009 2010/2011、2014/2015
3	欧洲超级杯冠军 Supercopa de Europa	2009、2011、2015
3	世俱杯冠军 FIFA Club World Cup	2009、2011、2015
1	奥运男足金牌 Olympic Gold Medal	2008
1	U-20 世青赛冠军 FIFA U-20 World Cup	2005
1	世界杯亚军 FIFA World Cup	2014
3	美洲杯亚军 Copa America	2007、2015、2016

2 西甲联赛冠军
La Liga
2011/2012、2016/2017

2 国王杯冠军
Copa del Rey
2010/2011、2013/2014

1 西班牙超级杯冠军
Supercopa de Espana
2012

4 欧洲冠军联赛冠军
UEFA Champions League
2007/2008、2013/2014
2015/2016、2016/2017

2 欧洲超级杯冠军
Supercopa de Europa
2014、2016

3 世俱杯冠军
FIFA Club World Cup
2008、2014、2016

3 英超联赛冠军
Premier League
2006/2007、2007/2008
2008/2009

1 足总杯冠军
FA Cup
2004

2 英格兰联赛杯冠军
League Cup
2005/2006、2008/2009

1 欧洲杯冠军
European Cup
2016

职业生涯帽子戏法次数
Career Hat-tricks
2003—2017 年
47

西甲帽子戏法次数
La Liga Hat-tricks
2003—2017 年
33

欧冠帽子戏法次数
UEFA Champions League Hat-tricks
2003—2017 年
07

国家德比进球
El Clasico Goals
2009—2017 年
16

世界杯进球
FIFA World Cup Goals
2006—2014 年
03

欧洲杯进球
European Cup Goals
2004—2014 年
09

CRISTIANO RONALDO

梅西PKC罗总出场/进球/助攻数据（仅限于C罗登陆西甲后）

2016/2017 赛季

梅西	C罗
总出场 52 进球 54 助攻 15	总出场 46 进球 42 助攻 12
西甲出场 34 进球 37 助攻 9	西甲出场 29 进球 25 助攻 6
欧冠出场 9 进球 11 助攻 2	欧冠出场 13 进球 12 助攻 6
其他赛事出场 9 进球 6 助攻 5	其他赛事出场 4 进球 5 助攻 0

2015/2016 赛季

梅西	C罗
总出场 49 进球 41 助攻 24	总出场 48 进球 51 助攻 15
西甲出场 33 进球 26 助攻 16	西甲出场 36 进球 35 助攻 11
欧冠出场 7 进球 6 助攻 2	欧冠出场 12 进球 16 助攻 4
其他赛事出场 9 进球 9 助攻 6	其他赛事出场 0 进球 0 助攻 0

2014/2015 赛季

梅西	C罗
总出场 57 进球 58 助攻 32	总出场 54 进球 61 助攻 22
西甲出场 38 进球 43 助攻 22	西甲出场 35 进球 48 助攻 16
欧冠出场 13 进球 10 助攻 6	欧冠出场 12 进球 10 助攻 3
其他赛事出场 6 进球 5 助攻 4	其他赛事出场 7 进球 3 助攻 3

2013/2014 赛季

梅西	C罗
总出场 46 进球 41 助攻 17	总出场 47 进球 51 助攻 17
西甲出场 31 进球 28 助攻 13	西甲出场 30 进球 31 助攻 9
欧冠出场 7 进球 8 助攻 1	欧冠出场 11 进球 17 助攻 4
其他赛事出场 8 进球 5 助攻 3	其他赛事出场 6 进球 3 助攻 5

2012/2013 赛季

梅西	C罗
总出场 50 进球 60 助攻 18	总出场 55 进球 55 助攻 12
西甲出场 32 进球 46 助攻 14	西甲出场 34 进球 34 助攻 10
欧冠出场 11 进球 8 助攻 3	欧冠出场 12 进球 12 助攻 1
其他赛事出场 7 进球 6 助攻 1	其他赛事出场 9 进球 9 助攻 1

2011/2012 赛季

梅西	C罗
总出场 60 进球 73 助攻 34	总出场 55 进球 60 助攻 15
西甲出场 37 进球 50 助攻 21	西甲出场 38 进球 46 助攻 12
欧冠出场 11 进球 14 助攻 7	欧冠出场 10 进球 10 助攻 3
其他赛事出场 12 进球 9 助攻 6	其他赛事出场 7 进球 4 助攻 0

2010/2011 赛季

梅西	C罗
总出场 55 进球 53 助攻 27	总出场 54 进球 53 助攻 13
西甲出场 33 进球 31 助攻 21	西甲出场 34 进球 40 助攻 10
欧冠出场 13 进球 12 助攻 3	欧冠出场 12 进球 6 助攻 2
其他赛事出场 9 进球 10 助攻 3	其他赛事出场 8 进球 7 助攻 1

2009/2010 赛季

梅西	C罗
总出场 53 进球 47 助攻 16	总出场 35 进球 33 助攻 7
西甲出场 35 进球 34 助攻 14	西甲出场 29 进球 26 助攻 7
欧冠出场 11 进球 8 助攻 0	欧冠出场 6 进球 7 助攻 0
其他赛事出场 7 进球 5 助攻 2	其他赛事出场 0 进球 0 助攻 0
梅西巴萨生涯进球率 0.85	**C罗皇马生涯进球率 1.03**

梅西PKC罗西班牙国家德比数据

赛事	对阵场次	梅西胜利	梅西进球	C罗胜利	C罗进球	平局
西甲联赛	16	9	10	4	8	3
欧冠联赛	5	2	3	1	0	2
国王杯	5	1	0	2	5	2
西班牙超级杯	4	2	5	1	3	1
友谊赛	2	1	1	1	1	0
总	32	15	19	9	17	8

梅西PKC罗其他数据

梅西欧冠决赛进球 2 VS C罗欧冠决赛进球 4

梅西职业生涯点球罚进 73 VS C罗职业生涯点球罚进 94

梅西职业生涯点球罚失 19 VS C罗职业生涯点球罚失 20

梅西年度收入 5340 万美元 VS C罗年度收入 5600 万美元

梅西年度广告收入 2800 万美元 VS C罗年度广告收入 3200 万美元

RONALDO
7
adidas
C

SR4

镶金史册

皇马历史荣耀簿／数据酷

荣誉数据酷

33 西班牙甲级联赛

33 次获得冠军

●获得西甲联赛冠军次数最多的球队，曾经在 1960—1965 年和 1985—1990 年两度获得联赛五连冠，笑傲西甲足坛。

19 西班牙国王杯

19 次获得冠军

●打进决赛次数最多的球队，同时还获得过 20 次亚军。在 1905—1908 年获得该项赛事的四连冠。在 1979/1980 赛季的决赛中以 6 比 1 战胜对手，是俱乐部在该项赛事上的历史最大分差。

09 西班牙超级杯

9 次获得冠军

●获得冠军次数排名第二的球队，同时还获得过 5 次亚军。

01 西班牙联赛杯

1 次获得冠军

● 1982 年创办，由西班牙足协主办，由各个级别的联赛独立进行竞赛，由于种种原因，仅举办了四届便停办。

12 欧洲冠军联赛

12 次获得冠军

●是所有欧洲球队夺冠次数最多的球队，在 1955—1960 年豪取五连冠，称霸欧洲，堪称神迹。2000 年被国际足联评为“20 世纪最伟大俱乐部”。

02 欧洲联盟杯

2 次获得冠军

●和塞维利亚同为获得冠军次数最多的西班牙球队，皇马最后一次夺冠是 1985/1986 赛季，两回合以 5 比 3 战胜科隆。

03 欧洲超级杯

3 次获得冠军

●是得冠军次数排名第二的西班牙球队，同时还获得过 2 次亚军。

05 世界俱乐部杯

5 次获得冠军

●其中 3 次是丰田杯冠军（世俱杯前身），总共 5 次，是历史上获得冠军次数最多的球队。

FIFA

皇马档案

俱乐部信息

- 中文名：皇家马德里足球俱乐部
- 外文名：Real Madrid Club de Fútbol
- 球队绰号：银河战舰
- 成立时间：1902 年 3 月 6 日
- 主场体育场：圣地亚哥·伯纳乌球场
- 容纳人数：81044 人
- 俱乐部创始人：来自牛津和剑桥的几名校友
- 现任主席：费洛伦蒂诺·佩雷斯
- 现任主教练：齐内丁·齐达内
- 现任队长：塞尔希奥·拉莫斯
- 现任副队长：马塞洛

球迷昵称

美凌格（Los Merengues）是西班牙人极其喜爱的一种甜品，里面是夹心（奶油冰激凌）。主要成分为蛋清、白糖，味道十分甜美，主要颜色为白色，如同皇马的主场球衣一样。球迷看球时都会买这种甜品，所以美凌格成为皇马球迷的昵称。美凌格这个称呼已经用了起码六十年，老一辈的球迷会较为常用，年轻一代的球迷已经不太知道这个昵称了。

皇马历任主教练

姓名	国籍	任期	任内成就
阿瑟·约翰逊（Arthur Johnson）	英国（英格兰）	1910 年至 1920 年	1 次全国锦标赛冠军；5 次国王杯冠军
胡安·德·卡塞尔（Juan de Carcer）	西班牙	1920 年至 1926 年	
佩德罗·略伦特（Pedro Llorente）	西班牙	1926 年	
何塞·贝拉多（José Berraondo）	西班牙	1927 年至 1929 年	
何塞·基兰特（José Quirante）	西班牙	1929 年至 1930 年	
利坡·赫查（Lippo Hertza）	匈牙利	1930 年至 1932 年	获得首个西甲联赛冠军
罗伯特·菲尔兹（Robert E.Firth）	奥地利	1932 年至 1934 年	1 次西甲联赛冠军
帕科·布鲁（Paco Bru）	西班牙	1934 年至 1941 年	2 次国王杯冠军
华尼托·阿尔梅特（Juanito Armet）	西班牙	1941 年至 1943 年	
拉蒙·恩西纳斯（Ramon Encinas）	西班牙	1943 年至 1945 年	
哈辛托·奎因塞斯（Jacinto Quincoces）	西班牙	1945 年至 1946 年	
巴尔塔萨·阿尔班尼斯（Baltasar Albeniz）	西班牙	1946 年至 1948 年	2 次国王杯冠军
迈克尔·肯平（Michael A.Keeping）	英国（英格兰）	1948 年至 1951 年	
赫克托·斯卡罗内（Hector Scarone）	乌拉圭	1951 年至 1952 年	
胡安·安东尼奥·伊皮尼亚（Juan Antonio Ipina）	西班牙	1952 年至 1953 年	
恩里克·费尔南德斯（Enrique Fernandez）	乌拉圭	1953 年至 1955 年	2 次西甲联赛冠军
何塞·比利亚隆加（José Villalonga）	西班牙	1955 年至 1957 年	2 次欧洲冠军杯冠军；1 次西甲联赛冠军
路易斯·卡尔尼利亚（Luis Carniglia）	阿根廷	1957 年至 1959 年	2 次欧洲冠军杯冠军；1 次西甲联赛冠军
曼纽尔·弗莱塔斯（Manuel Fleitas）	巴　西	1959 年至 1960 年	
米格尔·穆尼奥斯（Miguel Munoz）	西班牙	1960 年至 1974 年	2 次欧洲冠军杯冠军；5 次西甲联赛冠军；2 次国王杯冠军；1 次丰田杯冠军
路易斯·莫洛尼（Luis Molowny）	西班牙	1974 年	
米尔哈·米尔哈尼奇（Miljan Miljanic）	南斯拉夫	1974 年至 1977 年	2 次国王杯冠军
路易斯·莫洛尼（Luis Molowny）	西班牙	1977 年至 1979 年	
武亚丁·博斯科夫（Vujadin Boskov）	南斯拉夫	1979 年至 1982 年	1 次国王杯冠军
路易斯·莫洛尼（Luis Molowny）	西班牙	1982 年	1 次国王杯冠军
迪·斯蒂法诺（Di Stefano）	西班牙	1982 年至 1984 年	
阿曼西奥·阿曼希奥（Amancio Amaro）	西班牙	1984 年至 1985 年	
路易斯·莫洛尼（Luis Molowny）	西班牙	1985 年至 1986 年	2 次欧洲联盟杯冠军
莱奥·本哈克（Leo Beenhakker）	荷　兰	1986 年至 1989 年	1 次西班牙杯冠军
约翰·托沙克（John Toshack）	英国（威尔士）	1989 年至 1990 年	
迪·斯蒂法诺（Di Stefano）	西班牙	1990 年至 1991 年	
拉多米尔·安蒂奇（Radomir Antic）	南斯拉夫	1991 年至 1992 年	
莱奥·本哈克（Leo Beenhakker）	荷　兰	1992 年	
贝尼托·弗洛罗（Benito Floro）	西班牙	1992 年至 1994 年	1 次国王杯冠军
德尔·博斯克（Del Bosque）	西班牙	1994 年	
豪尔赫·巴尔达诺（Jorge Valdano）	阿根廷	1994 年至 1996 年	1 次西甲联赛冠军
阿塞尼奥·伊格莱希亚斯（Arsenio Iglesias）	西班牙	1996 年	
法比奥·卡佩罗（Fabio Capello）	意大利	1996 年至 1997 年	1 次西甲联赛冠军
约瑟夫·海因克斯（Josef Heynckes）	德　国	1997 年至 1998 年	1 次欧洲冠军杯冠军
胡斯·希丁克（Guus Hiddink）	荷　兰	1998 年至 1999 年	1 次丰田杯冠军
约翰·托沙克（John Toshack）	英国（威尔士）	1999 年	
德尔·博斯克（Del Bosque）	西班牙	1999 年至 2002 年	2 次欧冠联赛冠军；2 次西甲联赛冠军；1 次欧洲超级杯冠军；1 次西班牙超级杯冠军；1 次丰田杯冠军
卡洛斯·昆洛斯（Carlos Queiroz）	葡萄牙	2003 年至 2004 年	1 次西班牙超级杯冠军
安东尼奥·卡马乔（Antonio Camacho）	西班牙	2004 年	
马里亚诺·加西亚·雷蒙（Mariano Garcia Remon）	西班牙	2004 年	
万德雷·卢森博格（Vanderlei Luxemburgo）	巴　西	2004 年至 2005 年	
洛佩斯·卡洛（Lopez Caro）	西班牙	2005 年至 2006 年	
法比奥·卡佩罗（Fabio Capello）	意大利	2006 年至 2007 年	1 次西甲联赛冠军
贝恩德·舒斯特尔（Bernd Schuster）	德　国	2007 年 2008 年	1 次西甲联赛冠军；1 次西班牙超级杯冠军
桑迪·拉莫斯（Juan de la Cruz Ramos）	西班牙	2008 年至 2009 年	
路易斯·佩莱格里尼（Luis Pellegrini）	智　利	2009 年 2010 年	
何塞·穆里尼奥（José Mourinho）	葡萄牙	2010 年至 2013 年	1 次西甲联赛冠军；1 次国王杯冠军；1 次西班牙超级杯冠军
卡洛·安切洛蒂（Carlo Ancelotti）	意大利	2013 年至 2015 年	1 次国王杯冠军；1 次欧冠联赛冠军 1 次欧洲超级杯冠军；1 次世俱杯冠军
拉法·贝尼特斯（Rafael Benitez）	西班牙	2015 年至 2016 年	
齐内丁·齐达内（Zinedine Zidane）	法　国	2016 年至今	1 次西甲联赛冠军；2 次欧冠联赛冠军；1 次欧洲超级杯冠军；1 次世俱杯冠军

皇马历史纪录

球员纪录

●夺得联赛冠军最多的主席：圣地亚哥·伯纳乌（16 次）
●夺得联赛冠军最多的主教练：米格尔·穆尼奥斯（9 次）
●执教时间最长的主教练：米格尔·穆尼奥斯（1960 年 4 月至 1974 年 1 月）
●夺得联赛冠军次数最多的球员：弗朗西斯科·亨托 (12 次）
●所有场次出场次数最多的球员：劳尔·冈萨雷斯（741 场）
●西甲联赛出场最多的球员：劳尔·冈萨雷斯（550 场）
●西甲获胜场次最多的球员：伊克尔·卡西利亚斯 (334 场）
●各项赛事进球最多的球员：克里斯蒂亚诺·罗纳尔多 (406 球）
●所有场次上演帽子戏法最多的球员：克里斯蒂亚诺·罗纳尔多 (36 次）
●西甲上演帽子戏法最多的球员：克里斯蒂亚诺·罗纳尔多（30 次）
●单赛季上演帽子戏法最多的球员：克里斯蒂亚诺·罗纳尔多（8 次）
●欧冠上演帽子戏法最多的球员：克里斯蒂亚诺·罗纳尔多（7 次）
●为俱乐部赢得冠军次数最多的球员：弗朗西斯科·亨托 (23 次）
●夺得欧洲冠军杯冠军次数最多的球员：弗朗西斯科·亨托（6 次）
●以球员和主帅身份夺得欧洲冠军杯次数最多的人：米格尔·穆尼奥斯（4 次）
●带领一支球队晋级冠军杯决赛次数最多的主教练：米格尔·穆尼奥斯（4 次）
●最年轻的出场球员：马丁·奥德加特（16 岁零 157 天）
●国王杯出场最多的球员：卡洛斯·桑蒂拉纳（84 场）
●西班牙超级杯出场最多的球员：劳尔·冈萨雷斯 / 伊克尔·卡西利亚斯（12 场）
●国家队出场最多的皇马球员：伊克尔·卡西利亚斯（162 场）
●欧战出场最多的球员：伊克尔·卡西利亚斯（157 场）
●欧冠联赛出场最多的球员：伊克尔·卡西利亚斯（152 场）
●欧洲优胜者杯出场最多的球员：格雷戈里奥·贝尼托（16 场）
●欧洲联盟杯出场最多的球员：何塞·米格尔·冈萨雷斯（44 场）
●欧洲超级杯出场最多的球员：劳尔·冈萨雷斯 / 罗伯特·卡洛斯 / 伊克尔·卡西利亚斯（3 场）
●丰田杯出场最多的球员：费尔南多·耶罗 / 劳尔·冈萨雷斯 / 罗伯特·卡洛斯（3 场）
●世俱杯出场最多的球员：伊克尔·卡西利亚斯（5 场）
●出场各项赛事最多的外籍球员：罗伯特·卡洛斯（527 场）
●西甲联赛出场最多的外籍球员：罗伯特·卡洛斯（370 场）
●西甲联赛连续出场最多的球员：迪·斯蒂法诺 [171 场（1953 年 9 月 27 日至 1959 年 2 月 22 日）]
●西甲联赛进球最多的球员：克里斯蒂亚诺·罗纳尔多（285 球）
●第一个连续两个赛季联赛进球达到 40 个的球员：克里斯蒂亚诺·罗纳尔多
●国王杯进球最多的球员：费伦茨·普斯卡什 / 卡洛斯·桑蒂拉纳（49 球）
●西班牙超级杯进球最多的球员：劳尔·冈萨雷斯（7 球）
●为皇马打进欧冠联赛进球最多的球员：克里斯蒂亚诺·罗纳尔多（90 球）
●欧洲六大联赛历史进球最多的球员：克里斯蒂亚诺·罗纳尔多（368 球）
●欧洲优胜者杯进球最多的球员：卡洛斯·桑蒂拉纳（11 球）
●欧洲联盟杯进球最多的球员：卡洛斯·桑蒂拉纳（15 球）
●欧洲超级杯进球最多的球员：克里斯蒂亚诺·罗纳尔多（2 球）
●丰田杯进球最多的球员：费伦茨·普斯卡什（2 球）
●单赛季进球最多的球员：克里斯蒂亚诺·罗纳尔多 [61 球（2014/2015 赛季）]
●单赛季西甲联赛进球最多的球员：克里斯蒂亚诺·罗纳尔多 [48 球（2014/2015 赛季）]
●单赛季国王杯进球最多的球员：费伦茨·普斯卡什 [14 球（1960/1961 赛季）]
●单赛季欧洲冠军杯进球最多的球员：费伦茨·普斯卡什 [12 球（1959/1960 赛季）]
●单赛季欧冠联赛进球最多的球员：克里斯蒂亚诺·罗纳尔多 [17 球（2013/2014 赛季）]
●单赛季欧冠联赛小组赛进球最多的球员：克里斯蒂亚诺·罗纳尔多 [11 球（2015/2016 赛季）]
●单赛季欧洲优胜者杯进球最多的球员：卡洛斯·桑蒂拉纳 [8 球（1982/1983 赛季）]
●西甲联赛单场比赛进球最多的球员：曼努埃尔·埃尔戴 / 安东尼·阿尔苏亚 / 米格尔·穆尼奥斯 / 何塞·加西亚·卡斯特罗 / 费伦茨·普斯卡什 / 费尔南多·莫伦特斯 / 克里斯蒂亚诺·罗纳尔多（5 球）
●国王杯单场比赛进球最多的球员：何塞·玛丽亚·德·本格利亚 / 普斯卡什·费伦茨（6 球）
●西班牙超级杯单场比赛进球最多的球员：劳尔·冈萨雷斯（3 球）
●欧洲冠军杯单场比赛进球最多的球员：费伦茨·普斯卡什 / 迪·斯蒂法诺 / 乌戈·桑切斯（4 球）
●欧洲超级杯单场比赛进球最多的球员：克里斯蒂亚诺·罗纳尔多（2 球）
●丰田杯比赛单场比赛进球最多的球员：费伦茨·普斯卡什（2 球）
●西甲联赛最年轻的进球球员：阿尔贝托·里维拉（17 岁零 114 天）
●欧洲冠军杯决赛进球最多的球员：费伦茨·普斯卡什 [（7 球 1959/1960 赛季 4 球、1961/1962 赛季 3 球）]/ 迪·斯蒂法诺 [7 球（1955/1956 赛季 1 球、1956/1957 年赛季 1 球、1957/1958 赛季 1 球、1958/1959 赛季 1 球、1959/1960 赛季 3 球）]
●西甲联赛最快进球：12 秒 [伊万·萨莫拉诺（1994 年 9 月 3 日对阵塞维利亚）]
●西甲联赛最快帽子戏法：8 分钟 [何塞·加西亚·卡斯特罗（1960 年 4 月 10 日，对阵皇家社会）、克里斯蒂亚诺·罗纳尔多（2015 年 4 月 5 日对阵格拉纳达）]
●欧冠联赛最快打进四粒进球：20 分钟 [克里斯蒂亚诺·罗纳尔多（2015 年 12 月 8 日，小组赛对阵马尔默）]
●西甲联赛最快打进五粒进球：39 分钟 [何塞·加西亚·卡斯特罗（1960 年 2 月 7 日，对阵埃尔切）]

球队纪录

●西甲联赛主场最大比分胜利：11 比 2（1960 年 2 月 7 日，对阵埃尔切）
●西甲联赛主场最大比分失利：0 比 6（1930/1931 赛季，对阵毕尔巴鄂竞技）
●西甲联赛客场最大比分失利：8 比 1（1930 年 3 月 3 日，对阵西班牙人）
●西甲联赛客场最大比分胜利：2 比 8（2014/2015 赛季，对阵拉科鲁尼亚）
●欧洲冠军杯主场最大比分胜利：9 比 0（1961/1962 赛季，对阵博尔德科鲁本 1913）
●欧洲冠军杯客场最大比分胜利：0 比 7（1978/1979 赛季，对阵尼德康）
●欧洲冠军杯客场最大比分失利：5 比 0（1988/1989 赛季，对阵 AC 米兰）
●欧洲联盟杯客场最大比分失利：5 比 0（1981/1982 赛季，对阵凯泽斯劳滕）
●所有赛事最长不败场次：40 场（2015/2016 赛季至 2016/2017 赛季）
●西甲联赛最长不败场次：31 场（1987—1989 年）
●西甲最长连胜场次：16 场（2015/2016 赛季至 2016/2017 赛季）
●所有赛事最长连胜场次：22 场 [2014/2015 赛季（12 场西甲 /6 场欧冠 /2 场国王杯 /2 场世俱杯）]
●从赛季初首场比赛开始，最长连胜场次：9 场（1968/1969 赛季）
●西甲联赛最长连败场次：5 场（2008/2009 赛季）
●西甲联赛最长连续进球场次：35 场（1951/1952 赛季至 1952/1953 赛季）
●西甲联赛最长连胜且不失球场次：7 场（1997/1998 赛季）
●西甲联赛和杯赛最长连胜且不失球场次：8 场（2013/2014 赛季）
●所有杯赛最长连胜且不失球场次：8 场（2013/2014 赛季）
●西甲联赛最长客场连胜纪录：11 场
●单赛季西甲联赛胜利次数最多场次：32 场（2011/2012 赛季）
●单赛季西甲联赛主场胜利最多场次：18 场（1987/1988 赛季、2009/2010 赛季）
●单赛季西甲联赛客场胜利最多场次：16 场（2011/2012 赛季）
●单赛季西甲联赛平局最多场次：15 场（1978/1979 赛季）
●单赛季西甲联赛失利最多场次：13 场（1973/1974 赛季）
●单赛季西甲联赛胜利最少的场次：7 场（1929/1930 赛季）
●单赛季西甲联赛失利最少的场次：1 场（1929 赛季、1934/1935 赛季、1939/1940 赛季）。
●单赛季西甲联赛不败：1931/1932 赛季（18 场 /10 胜 /8 平 /0 负 / 进 37 球 / 失 15 球 / 净胜球 22 个 / 积 28 分）
●单赛季最高联赛积分：100 分（2011/2012 赛季）
●单赛季西甲联赛最多进球数：121 球（2011/2012 赛季，场均 3.18 球）
●单赛季所有比赛最多进球数：174 球（2011/2012 赛季）
●单赛季西甲联赛最少进球数：24 球（1930/1931 赛季）
●单赛季西甲联赛最多失球数：71 球（1950/1951 赛季）
●单赛季西甲联赛最少失球数：15 球（1931/1932 赛季，场均 1.2 球）
●单赛季联赛最多主场进球：78 球（1989/1990 赛季，场均 4.1 球）
●单赛季联赛最少主场失球：8 球（1994/1995 赛季，场均 0.4 球）
●主场最长不败场次：121 场（1957 年 2 月 17 日至 1965 年 3 月 7 日）
●最后 5 轮西甲联赛提前夺冠：3 次（1960/1961 赛季、1962/1963 赛季、1974/1975 赛季）
●开赛 12 分钟攻入 3 球：1956 年 1 月对阵塞尔塔；2016 年 1 月对阵希洪竞技
●上任后前两场比赛打进 10 球的主教练：贝拉多、齐达内

以上所有数据与纪录均截止到 2016/2017 赛季结束

皇马冠军榜单

西甲联赛冠军榜（33 个）

赛季	胜	平	负	进球	失球	积分
1931/1932	10	8	0	37	15	28
1932/1933	13	2	3	49	17	28
1953/1954	17	6	7	72	41	40
1954/1955	20	6	4	80	31	46
1956/1957	20	4	6	74	35	44
1957/1958	20	5	5	71	26	45
1960/1961	24	4	2	89	25	52
1961/1962	19	5	6	58	24	43
1962/1963	23	3	4	83	33	49
1963/1964	22	2	6	61	23	46
1964/1965	21	5	4	64	18	47
1966/1967	19	9	2	58	22	47
1967/1968	16	10	4	55	26	42
1968/1969	18	11	1	46	21	47
1971/1972	19	9	6	51	27	47
1974/1975	20	10	4	66	34	50
1975/1976	20	8	6	54	26	48
1977/1978	22	3	9	77	40	47
1978/1979	16	15	3	61	36	47
1979/1980	22	9	3	70	33	53
1985/1986	26	4	4	83	33	56
1986/1987	20	10	4	61	29	50
1987/1988	28	6	4	95	26	62
1988/1989	25	12	1	91	37	62
1989/1990	26	10	2	107	38	62
1994/1995	23	9	6	76	29	55
1996/1997	27	11	4	85	36	92
2000/2001	24	8	6	81	40	80
2002/2003	22	12	4	86	42	78
2006/2007	21	6	8	58	36	69
2007/2008	27	4	7	84	36	85
2011/2012	32	4	2	121	32	100
2016/2017	29	6	3	106	41	93

西班牙国王杯冠军榜（19 个）

赛季	决赛战绩	决赛场地
1904/1905	皇马 1 比 0 毕尔巴鄂竞技	提罗德尔毕盛球场
1905/1906	皇马 4 比 1 毕尔巴鄂竞技	塞拉大球场
1906/1907	皇马 1 比 0 比萨卡耶	塞拉大球场
1907/1908	皇马 2 比 1 皇家维高	奥唐奈球场
1916/1917	皇马 2 比 1 亚勒那斯	德拉卡列球场
1933/1934	皇马 2 比 1 巴伦西亚	莫祖锡奥林匹克球场
1935/1936	皇马 2 比 1 巴萨	梅斯塔利亚球场
1945/1946	皇马 3 比 1 巴伦西亚	莫祖锡奥林匹克球场
1946/1947	皇马 2 比 0 西班牙人	里亚索尔球场
1961/1962	皇马 2 比 1 塞维利亚	伯纳乌球场
1969/1970	皇马 3 比 1 巴伦西亚	诺坎普球场
1973/1974	皇马 4 比 0 巴萨	卡尔德隆球场
1974/1975	皇马 4 比 3（点球）马竞	卡尔德隆球场
1979/1980	皇马 6 比 1 卡斯蒂略	伯纳乌球场
1981/1982	皇马 2 比 1 希洪竞技	索里利亚球场
1988/1989	皇马 1 比 0 巴拉多利德	卡尔德隆球场
1992/1993	皇马 2 比 0 萨拉戈萨	路易斯·卡萨诺华球场
2010/2011	皇马 1 比 0 巴萨	梅斯塔利亚球场
2013/2014	皇马 2 比 1 巴萨	梅斯塔利亚球场

西班牙超级杯冠军榜（9 个）

年份	首回合战绩	次回合战绩
1988	皇马 2 比 0 巴萨	皇马 1 比 2 巴萨
1989	因皇马同时赢取西甲及国王杯冠军，自动成为冠军	
1990	皇马 1 比 0 巴萨	皇马 4 比 1 巴萨
1993	皇马 3 比 1 巴萨	皇马 1 比 1 巴萨
1997	皇马 1 比 2 巴萨	皇马 4 比 1 巴萨
2001	皇马 1 比 1 萨拉戈萨	皇马 3 比 0 萨拉戈萨
2003	皇马 1 比 2 马洛卡	皇马 3 比 0 马洛卡
2008	皇马 2 比 3 巴伦西亚	皇马 4 比 2 巴伦西亚
2012	皇马 2 比 3 巴萨	皇马 2 比 1 巴萨

欧洲冠军联赛冠军榜（12 个）

赛季	决赛战绩	决赛场地
1955/1956	皇马 4 比 3 朗斯	巴黎王子球场
1956/1957	皇马 2 比 0 佛罗伦萨	伯纳乌球场
1957/1958	皇马 3 比 2 AC 米兰	希索球场
1958/1959	皇马 2 比 0 朗斯	内卡尔体育场
1959/1960	皇马 7 比 3 法兰克福	汉普顿公园球场
1965/1966	皇马 2 比 1 贝尔格莱德游击	希索球场
1997/1998	皇马 1 比 0 尤文图斯	阿姆斯特丹球场
1999/2000	皇马 3 比 0 巴伦西亚	法兰西大球场
2001/2002	皇马 2 比 1 勒沃库森	汉普顿公园球场
2013/2014	皇马 4 比 1 马竞	里斯本卢斯体育场
2015/2016	皇马 5 比 3（点球）马竞	米兰圣西罗球场
2016/2017	皇马 4 比 1 尤文图斯	加的夫千年球场

欧洲超级杯冠军榜（3 个）

年份	决赛战绩	决赛场地
2002	皇马 3 比 1 费耶诺德	路易二世体育场
2014	皇马 2 比 0 塞维利亚	加的夫城体育场
2016	皇马 3 比 2 塞维利亚	勒肯达尔球场

欧洲联盟杯冠军榜（2 个）

赛季	首回合战绩	次回合战绩
1985/1986	皇马 5 比 1 科隆	科隆 2 比 0 皇马
1986/1987	维迪奥顿 0 比 3 皇马	皇马 0 比 1 维迪奥顿

国际足联世界俱乐部杯冠军榜（5 个）

年份	决赛战绩	决赛场地
1960	皇马 5 比 1 佩纳罗尔（双回合）	世纪球场 / 伯纳乌
1998	皇马 2 比 1 瓦斯科达伽马	东京国家体育场
2002	皇马 2 比 0 奥利匹亚	横滨国际体育场
2014	皇马 2 比 0 圣洛伦索	马拉喀什体育场
2016	皇马 4 比 2 鹿岛鹿角	横滨国际体育场

历年队内联赛最佳射手（1928——2015年）

赛季	姓名	国籍	进球数
1928/1929	海梅·拉兹卡诺	西班牙	11球
1929/1930	加斯帕尔·卢比奥	西班牙	19球
1930/1931	海梅·拉兹卡诺	西班牙	5球
1931/1932	曼努埃尔·奥利瓦雷斯	西班牙	11球
1932/1933	曼努埃尔·奥利瓦雷斯	西班牙	16球
1933/1934	路易斯·雷盖罗	西班牙	12球
1934/1935	德方索·费尔南多	西班牙	20球
1935/1936	德方索·费尔南多	西班牙	20球
1939/1940	曼努埃尔·阿尔迪	西班牙	13球
1940/1941	曼努埃尔·阿尔迪	西班牙	14球
1941/1942	曼努埃尔·阿尔迪	西班牙	23球
1942/1943	曼努埃尔·阿尔迪	西班牙	16球
1943/1944	萨比诺·巴里纳加	西班牙	20球
1944/1945	萨比诺·巴里纳加	西班牙	20球
1945/1946	普鲁登西奥·桑切斯	西班牙	20球
1946/1947	普鲁登西奥·桑切斯	西班牙	22球
1947/1948	路易斯·莫洛尼	西班牙	9球
1948/1949	曼努埃尔·费尔南德斯	西班牙	21球
1949/1950	曼努埃尔·费尔南德斯	西班牙	19球
1950/1951	曼努埃尔·费尔南德斯	西班牙	21球
1951/1952	曼努埃尔·费尔南德斯	西班牙	28球
1952/1953	曼努埃尔·费尔南德斯	西班牙	19球
1953/1954	迪·斯蒂法诺	阿根廷	27球
1954/1955	迪·斯蒂法诺	阿根廷	25球
1955/1956	迪·斯蒂法诺	阿根廷	24球
1956/1957	迪·斯蒂法诺	阿根廷	31球
1957/1958	迪·斯蒂法诺	阿根廷	19球
1958/1959	迪·斯蒂法诺	阿根廷	23球
1959/1960	费伦茨·普斯卡什	匈牙利	25球
1960/1961	费伦茨·普斯卡什	匈牙利	28球
1961/1962	费伦茨·普斯卡什	匈牙利	20球
1962/1963	费伦茨·普斯卡什	匈牙利	26球
1963/1964	费伦茨·普斯卡什	匈牙利	21球
1964/1965	拉蒙·格罗索	西班牙	17球
1965/1966	拉蒙·格罗索	西班牙	11球
1966/1967	弗朗西斯科·亨托	西班牙	11球
1967/1968	何塞·马丁内斯·桑切斯	西班牙	10球
	阿曼西奥·阿马罗	西班牙	10球
	曼努埃尔·比拉斯奎兹	西班牙	10球
1968/1969	阿曼西奥·阿马罗	西班牙	14球
1969/1970	阿曼西奥·阿马罗	西班牙	16球
1970/1971	何塞·马丁内斯·桑切斯	西班牙	13球
1971/1972	何塞·马丁内斯·桑切斯	西班牙	11球
1972/1973	桑蒂拉纳	西班牙	10球
1973/1974	奥斯卡·托马斯	阿根廷	11球
1974/1975	桑蒂拉纳	西班牙	17球
1975/1976	何塞·马丁内斯·桑切斯	西班牙	13球
1976/1977	桑蒂拉纳	西班牙	12球
1977/1978	桑蒂拉纳	西班牙	24球
1978/1979	桑蒂拉纳	西班牙	18球
1979/1980	桑蒂拉纳	西班牙	23球
1980/1981	戈麦斯·冈萨雷斯	西班牙	19球
1981/1982	桑蒂拉纳	西班牙	9球
1982/1983	弗朗西斯科·皮内达	西班牙	11球
1983/1984	戈麦斯·冈萨雷斯	西班牙	17球
1984/1985	豪尔赫·巴尔达诺	阿根廷	17球
1985/1986	乌戈·桑切斯	墨西哥	22球
1986/1987	乌戈·桑切斯	墨西哥	34球
1987/1988	乌戈·桑切斯	墨西哥	29球
1988/1989	乌戈·桑切斯	墨西哥	27球
1989/1990	乌戈·桑切斯	墨西哥	38球
1990/1991	埃米利奥·布特拉格诺	西班牙	19球
1991/1992	费尔南多·耶罗	西班牙	21球
1992/1993	伊万·萨莫拉诺	智　利	26球
1993/1994	伊万·萨莫拉诺	智　利	11球
	米格尔·冈萨雷斯	西班牙	11球
1994/1995	伊万·萨莫拉诺	智　利	28球
1995/1996	劳尔·冈萨雷斯	西班牙	19球
1996/1997	达沃·苏克	克罗地亚	24球
1997/1998	费尔南多·莫伦特斯	西班牙	12球
1998/1999	劳尔·冈萨雷斯	西班牙	25球
1999/2000	劳尔·冈萨雷斯	西班牙	17球
2000/2001	劳尔·冈萨雷斯	西班牙	24球
2001/2002	费尔南多·莫伦特斯	西班牙	18球
2002/2003	罗纳尔多	巴　西	23球
2003/2004	罗纳尔多	巴　西	24球
2004/2005	罗纳尔多	巴　西	21球
2005/2006	罗纳尔多	巴　西	14球
2006/2007	路德·范尼斯特鲁伊	荷　兰	25球
2007/2008	劳尔·冈萨雷斯	西班牙	18球
2008/2009	赫拉尔多·伊瓜因	阿根廷	22球
2009/2010	赫拉尔多·伊瓜因	阿根廷	27球
2010/2011	克里斯蒂亚诺·罗纳尔多	葡萄牙	40球
2011/2012	克里斯蒂亚诺·罗纳尔多	葡萄牙	46球
2012/2013	克里斯蒂亚诺·罗纳尔多	葡萄牙	34球
2013/2014	克里斯蒂亚诺·罗纳尔多	葡萄牙	31球
2014/2015	克里斯蒂亚诺·罗纳尔多	葡萄牙	48球
2015/2016	克里斯蒂亚诺·罗纳尔多	葡萄牙	35球
2016/2017	克里斯蒂亚诺·罗纳尔多	葡萄牙	25球